WORDSEARCH
OVER **200** WORD-FINDING PUZZLES

Bath · New York · Singapore · Hong Kong · Cologne · Delhi
Melbourne · Amsterdam · Johannesburg · Shenzhen

First published by Parragon in 2013

Parragon
Chartist House
15—17 Trim Street
Bath BA1 1HA, UK
www.parragon.com

Copyright © Parragon Books Ltd 2013
© Clarity Media Ltd 2013

Cover design by Talking Design

ISBN 978-1-4723-1069-9

Printed in China

```
S  I  T  L  R  A  B  E  L  D  N  A  H  E  P
I  G  N  I  P  M  U  J  T  R  I  D  S  C  W
N  I  A  T  N  U  O  M  L  L  A  T  S  C  S
G  S  H  O  C  K  A  B  S  O  R  B  E  R  S
L  E  U  O  F  V  I  M  U  E  R  B  V  O  O
E  K  A  S  O  F  B  F  E  G  E  L  O  S  R
T  O  S  L  P  A  R  T  B  E  T  H  L  S  C
R  P  O  M  L  E  R  O  X  I  H  L  G  C  R
A  S  U  D  E  I  N  E  A  P  G  F  B  O  U
C  P  L  R  D  T  H  S  D  D  U  H  T  U  O
K  J  I  I  A  R  R  N  I  T  O  T  I  N  F
K  D  N  E  W  I  U  R  W  O  R  D  R  T  O
E  G  T  P  H  A  N  I  Q  O  N  S  E  R  Z
A  F  A  L  R  L  L  K  F  A  D  Z  S  Y  L
O  D  U  A  L  S  L  A  L  O  M  M  U  Y  C
```

ALL-MOUNTAIN	OFF-ROAD
BIG HIT	PUMP
CROSS COUNTRY	ROUGH TERRAIN
DIRT JUMPING	SHOCK ABSORBERS
DOWNHILL	SINGLETRACK
DUAL SLALOM	SPOKES
FOUR CROSS	STREET RIDING
FREERIDE	SUSPENSION
GLOVES	TIRES
HANDLEBAR	TRIALS

```
D S E F O V M U I U N E P I W
A E A K B S D I T O O B I S T
P A L P H A H Y D R I D S D W
E V P T V A V K P S L Q C I F
X S H W A U R I G I D S I N T
S D A O S V V F P Q P M D I S
T R C O S D E L E H R B S R C
U A R E S D I L E V A M M A G
L C U T T B I R I O F M O C K
I O C R A I C L C D N S Q A S
B N I U I U D O I N S I S T D
R I D S L D O S E U A O D E I
I D S I U R S I D S Q C U S R
D S D I N I G R I V A A R R Y
S S D I M R O N B U S A A O L
```

ALPHA CRUCIDS
ALPHA HYDRIDS
AQUILIDS
AURIGIDS
BOOTIDS
CANCRIDS
CETIDS
DELTA VELIDS
DRACONIDS
ETA CARINIDS

GAMMA VELIDS
HERCULIDS
LEONIDS
LIBRIDS
LYRIDS
NORMIDS
PISCIDS
TAURIDS
URSIDS
VIRGINIDS

3. "Love" Songs

```
U Q A Z I S T I D C C R R D L
A T R U H T N O D E M I W N S
K E T U E Z L F W O S I F I O
G M U I A L D M Y A N X O L N
O E E N S S R Y L R N T O B L
E S N F F T E L O I O L L S L
S T I E O S A I R D I T D I G
O K L E R R M F Y Z T O C I E
N S H T O A A E E Q A N O A S
G R L U D K T R H S S O O U F
S B N R C T O I E P N Q F D A
E D R A G O O N O A E R P U T
E P H I S T H E A N S W E R J
G S F O R E V E R Y B O D Y Z
F E C Y E A M Q D I V I N E Y
```

DIVINE	GENERATION
DOLLS	GOES ON
DON'T DO	IS ALL AROUND
DON'T HURT	IS BLIND
DON'T LIE	IS THE ANSWER
DRAGOON	ME DO
DREAM	ME FOR A REASON
EVERYBODY	OF MY LIFE
FACTORY	SENSATION
FOOL	SHACK

```
U K R C R A T T R A S Z F S V
A N E B Y D X B S A E N L S T
O U T A J U N G L E E B R C V
A R L R S A I A S G R O V E S
L T E K C I H T L S T O S O Y
P I H A R D W O O D A T F T E
M C S I T W A F U C O R C T U
U C N X I W T S L P R O O I O
T G G T F W J W I O P Q W M D
S T T A O T W A V P G E A B L
X R D O U S R K I L A S T E G
S H D L P Y L C I L N P W R B
L A O A S O E S D T A O R Q P
R P W N I S U S Q F O C I L O
A T S O I R C J I A R E R P E
```

BARK	SHELTER
COPPICE	SOFTWOOD
COPSE	STUMP
FOREST	THICKET
GROVE	TIMBER
HARDWOOD	TOPIARY
JUNGLE	TREES
LOGS	TRUNK
MORASS	WEALD
RINGS	WOODLAND

```
T O D A N G L E A B Y R E A A
K N R L R G T C N R O D J S M
L T Y E F I N S T F E B D S R
B J F M T F B I W R T R B E O
S T L F P A V P H E O J E I G
G F I R R H W R E S L L F L N
K P E B I S E T P H I L L F I
N J S L S P O O L W O F F R H
E Z L U P S T R E A M W Y E S
Y Z F I Z J C E T T S I V L I
I M K I S K N A B E K Z Z T F
A Z E D O W N S T R E A M S W
T A T S P T E U I I Y S L I O
J A R O A V Y L R O B C Y H B
U D S T W S L L N R X C U W I
```

BANKS
BARB
BOBBIN
BOWFISHING
DANGLE
DOWNSTREAM
DRY FLIES
EDDY
FINS
FLOATANT

FLY-FISHING
FRESHWATER
KIPPER
KRILL
NYMPH
SALTWATER
SPOOL
TROLL
UPSTREAM
WHISTLER FLIES

7

```
E  W  W  U  C  P  C  R  O  S  S  P  E  E  N
K  U  P  A  P  W  I  L  F  S  R  A  L  L  E
A  J  C  J  R  H  T  R  A  R  E  I  D  E  E
V  R  E  W  O  P  O  R  G  W  E  C  N  C  P
R  T  W  H  O  U  E  L  R  R  N  L  A  T  T
Z  U  P  A  S  O  G  P  S  A  E  U  H  R  H
T  V  P  M  O  L  D  J  M  T  V  B  J  I  G
J  W  H  M  F  C  E  C  O  A  E  P  B  C  I
K  W  U  E  T  P  W  D  A  I  L  R  B  U  A
R  L  B  R  F  U  O  F  G  R  N  L  E  S  R
E  B  P  H  A  R  O  M  S  E  V  E  E  R  T
A  W  V  E  C  A  F  G  N  I  K  I  R  T  S
R  A  E  A  E  B  A  L  L  P  E  E  N  S  E
U  S  R  D  D  I  V  Z  S  S  P  R  I  G  A
J  T  H  C  I  A  H  T  O  R  S  V  I  N  R
```

BALL-PEEN	RUBBER GRIP
CLAW	SLEDGE
CLUB	SOFT-FACED
CROSS-PEEN	SPRIG
ELECTRIC	STRAIGHT PEEN
HAMMER HEAD	STRIKING FACE
HANDLE	UPHOLSTERER'S
JOINER'S	VENEER
MALLET	WEDGE
POWER	WOODCARVING

```
L G D U G E X O T I C A U X P
S R S C G N I T A N I C S A F
P T L C S T I M U L A T I N G
X L C U L E S T R I K I N G N
A G E I F R I Q A U J T O L I
E L N A T T E J D V S H T Q G
V N L I S A H F G N I S U M A
I C C U C I M G R R I T P K G
T I G H R N N S I E F P P V N
C T O G A I A G I L S V U A E
A E T W R N N R R E H P A C
R N S T R G T G T P A D I M T
T G E G N I T I V N I H H N L
T A B S O R B I N G E S C P G
A M S T I R R I N G C T P M I
```

ABSORBING	ENTRANCING
ALLURING	EXOTIC
AMUSING	FASCINATING
ATTRACTIVE	INVITING
CAPTIVATING	MAGNETIC
CHARISMATIC	PLEASING
DELIGHTFUL	REFRESHING
ENCHANTING	STIMULATING
ENGAGING	STIRRING
ENTERTAINING	STRIKING

```
W  E  I  O  U  W  R  E  T  D  H  E  V  U  N
R  P  G  O  Y  O  Z  G  I  L  M  C  L  Y  P
A  S  Y  D  K  R  S  R  Z  N  S  M  G  Q  S
D  A  F  F  O  D  I  L  E  H  M  J  H  O  P
I  I  M  E  D  D  R  Z  D  E  L  U  G  E  N
C  E  S  I  C  A  I  I  R  D  I  R  E  C  T
T  N  S  R  H  N  A  K  U  E  H  U  I  E  P
I  C  H  A  E  G  A  G  M  M  N  X  D  D  P
O  G  E  D  O  S  S  D  S  O  M  T  A  D  N
N  S  C  N  N  W  P  H  T  C  S  L  I  Y  D
A  P  A  T  T  E  G  E  I  R  Q  G  L  N  X
R  L  D  A  D  C  P  I  C  A  I  F  Y  A  F
Y  G  O  X  H  R  U  M  K  T  C  X  Y  M  D
F  M  Y  L  T  F  A  D  A  B  B  L  E  I  O
Q  B  P  K  G  A  B  L  G  D  Q  E  N  C  T
```

DABBLE	DIAGONAL
DACE	DICTIONARY
DAFFODIL	DIGITAL
DAFTLY	DIRECT
DAILY	DISCO
DAMPEN	DISRESPECT
DANCE	DODGE
DELUGE	DRUMSTICK
DEMOCRAT	DUCT
DENIZEN	DYNAMIC

```
D R S E L U C R E H D M P L P
Z P S S R X P T S N A T C O S
A D E M O R D N A U O A P U S
K S J A J R E G M R P A H T U
R P R K A E C T X K H O A U N
C X R L M O H N A P I K N C G
A E A I S L K I R R U D Z A Y
E T N K I T A L E E C P A N C
L V R T N T Z I R R H J F A C
U V E L A N Z I L B U T L T D
M S H P C U D A R T S U U O S
T L C Q Y A R L I L N G R O L
I B A O N R V U P E G A S U S
C A G U N A G Y S T D I F T N
T T S U V S E T O O B O S X A
```

ACHERNAR
ANDROMEDA
ANTLIA
APUS
BOOTES
CAELUM
CANIS MAJOR
CANOPUS
CENTAURUS
CRATER

CYGNUS
DORADO
ERIDANUS
HERCULES
OCTANS
OPHIUCHUS
PEGASUS
SOUTHERN CROSS
TUCANA
VELA

```
O  W  F  U  Z  C  T  U  B  R  A  R  D  T  L
G  K  O  P  L  S  S  F  R  X  F  T  L  L  O
E  S  O  R  V  R  A  H  D  L  I  S  R  Z  U
P  I  S  W  K  S  I  P  A  B  V  O  I  T  F
R  X  N  N  A  M  D  O  O  W  I  U  B  O  U
P  O  R  T  E  R  A  W  R  U  L  R  R  U  S
R  E  P  R  A  H  R  N  T  D  L  W  Y  H  A
E  A  N  N  E  O  P  I  R  C  A  S  S  A  S
Y  T  T  O  N  D  V  E  D  H  R  N  O  H  C
R  O  R  S  E  B  A  S  T  I  A  N  N  N  G
C  N  I  O  X  E  W  R  F  S  I  Z  E  N  T
T  K  S  T  D  E  T  D  E  Y  G  S  A  A  F
Q  A  Y  X  V  P  Q  Y  T  R  O  Y  A  R  N
T  D  S  R  A  Y  U  X  R  T  S  D  I  J  D
U  F  S  O  C  F  O  M  B  R  A  D  L  E  Y
```

BOWRON	RADER
BRADLEY	RIORDAN
BRYSON	ROSE
CRYER	SEBASTIAN
EATON	SHAW
HAHN	STEPHENS
HARPER	VILLARAIGOSA
HAZARD	WOODMAN
PORTER	WORKMAN
POULSON	YORTY

```
S  N  N  P  A  F  L  A  G  E  O  L  E  T  I
N  A  S  A  T  L  S  H  T  E  S  S  E  U  T
O  E  O  T  E  E  X  R  I  M  O  L  W  A  N
W  B  Q  S  M  B  O  S  U  Y  Z  H  B  A  A
P  W  R  V  F  U  N  N  B  E  I  L  E  E  E
E  O  J  O  T  E  G  E  Z  T  A  B  L  P  B
A  R  F  B  W  B  A  D  E  C  Y  C  U  P  Y
E  R  E  G  E  N  W  C  K  R  H  B  G  A  E
P  A  A  A  S  A  L  B  R  I  G  E  A  N  N
N  M  N  Q  R  O  E  E  L  T  L  I  L  S  D
E  T  A  F  V  A  B  I  N  Z  F  X  E  R  I
D  A  P  E  N  N  B  T  T  S  P  N  A  K
R  E  R  N  A  E  B  O  T  N  I  P  T  G  S
A  W  P  R  A  L  F  A  L  F  A  L  I  U  S
G  G  C  N  A  V  Y  B  E  A  N  O  L  S  D
```

ALFALFA

BELUGA LENTIL

BLACK BEAN

BROWN LENTIL

CHILI BEAN

CRANBERRY BEAN

DWARF PEA

FLAGEOLET

GARDEN PEA

GREEN BEAN

KIDNEY BEAN

MARROW BEAN

MUNG BEAN

NAVY BEAN

PINTO BEAN

SNOW PEA

SOYBEAN

SUGAR SNAP PEA

TROUT BEAN

WHITE CLOVER

12. The Caribbean

```
S  S  R  J  T  A  T  Y  A  V  R  A  S  C  P
N  I  R  Y  T  O  T  E  N  T  S  R  I  T  I
U  P  V  G  R  E  N  A  D  A  O  X  R  W  R
U  G  T  E  I  T  Z  V  A  X  B  B  T  A  V
I  A  U  S  N  A  N  G  U  I  L  L  A  U  F
Z  I  A  A  I  R  D  N  A  L  S  I  G  G  E
H  S  U  R  D  R  N  O  A  D  I  H  B  I  O
R  O  Z  U  A  E  A  B  M  V  U  A  R  T  L
N  A  B  D  D  S  L  L  A  I  A  B  V  N  Q
C  P  T  N  Q  T  S  O  J  H  N  S  R  A  U
A  I  Z  O  U  N  I  J  U  H  A  I  S  A  J
Y  R  S  H  E  O  D  X  H  P  A  M  C  A  B
M  V  U  V  R  M  R  O  H  O  E  I  A  A  S
A  I  F  B  S  A  I  N  T  K  I  T  T  S  Y
N  A  K  B  A  R  B  A  D  O  S  R  A  I  L
```

ANGUILLA	GRENADA
ANTIGUA	GUADELOUPE
ARUBA	HAITI
BAHAMAS	HONDURAS
BARBADOS	MONTSERRAT
BARBUDA	NAVASSA
BIRD ISLAND	NEVIS
CAYMAN	SAINT KITTS
DOMINICA	TOBAGO
EGG ISLAND	TRINIDAD

13. State Birds

```
L F R G V E N Z I G M G G C S
G W R E N E N T N A S A E H P
Q H E R M I T T H R U S H I D
O C H E U M T O T S E M N C V
V N C H N F A N K W P N O K A
O I T S K I F H U T E M N A K
E F A A P S L E W B M K J D R
B D C R E X E A D O K Z E E A
L L Y H L I U A N G L R N E L
U O L T I R G L G I R L A B W
E G F N C Y O S H U D O E L O
B O E W A O R B L E L R U Y D
I E Z O N Q U A I L W L A S A
R P U R P L E F I N C H O C E
D R I B G N I K C O M U E S M
```

BLUEBIRD
BROWN THRASHER
CARDINAL
CHICKADEE
COMMON LOON
FLYCATCHER
GOLDFINCH
HERMIT THRUSH
LARK BUNTING
MEADOWLARK

MOCKINGBIRD
NENE
PELICAN
PHEASANT
PURPLE FINCH
QUAIL
ROBIN
RUFFED GROUSE
SEAGULL
YELLOWHAMMER

15

```
I  B  T  U  X  R  I  O  V  S  E  E  R  B  S
M  S  I  M  E  H  P  U  E  X  S  L  A  Y  Q
E  E  Q  S  U  R  R  M  P  S  Y  O  M  R  S
T  G  V  R  A  S  A  R  Y  T  N  B  M  E  N
A  N  P  I  E  N  E  L  A  A  O  R  A  G  O
P  I  N  S  T  S  L  M  E  L  N  E  R  A  I
H  Y  R  I  S  A  H  S  I  I  Y  P  G  M  T
O  A  C  I  B  R  R  S  C  C  M  Y  Z  I  A
R  S  O  L  R  V  M  R  R  S  O  H  V  R  R
E  N  E  E  N  O  I  T  A  M  A  L  C  X  E
O  G  I  S  E  C  N  E  T  N  E  S  O  F  T
A  C  C  O  A  J  A  Y  S  V  T  Q  L  N  I
A  E  R  T  R  H  Y  M  I  N  G  R  L  R  L
T  E  H  T  I  P  E  L  I  M  I  S  V  W  L
A  A  U  O  P  T  P  T  T  M  L  A  R  I  A
```

ALLITERATION	NARRATIVE
EPITHET	RHYMING
EUPHEMISM	SAYING
EXCLAMATION	SEMANTICS
EXPRESSION	SEMICOLON
GRAMMAR	SENTENCE
HYPERBOLE	SIMILE
IMAGERY	SYLLABLE
IRONY	SYMBOLISM
METAPHOR	SYNONYM

15. From The Get "Go"

```
B K S H Z H G U O R H T O G O
F V L T U P E E L S O T O G U
X L S S X O E N O L A T I O G
Z T S E V K Y X N D O U G W O
Q Q V W W U L O I P J O T I T
H O G O P U B L I C F L K T O
E C O G Y P E E Y O T L P H T
K M F D U O C X R R E A J O O
S C O W N E E W T E B O G U W
P S R H S U A F N T R G O T N
X F T Q O R O T H T N O A R V
B I H U D G Y R G E E B H A F
R S P V A O R E A G E A E K C
K Q U Q G N O R W O G C A O G
U S X G N O L A O G G K D G I
```

GO AHEAD
GO ALL OUT
GO ALONG
GO AROUND
GO BACK
GO FORTH
GO FORWARD
GO HOME
GO IT ALONE
GO PUBLIC

GO THROUGH
GO TO PIECES
GO TO SLEEP
GO TO TOWN
GO WEST
GO WITHOUT
GO WRONG
GO-BETWEEN
GO-GETTER
GO-KART

```
W E E E Y N I M U G E L W S S
B L U D L N T O W H R G J D O
S A H C S I N E G A L L O C I
N S Y U R A C T O M Y O S I N
O T L R V C I A A R T B C I T
G I E R U N A N C O T U L I E
N N N N G I V D T T P L E G R
I I I I I B V L H E I I R C L
R R K N D M A P N E G N O R E
Q B O E O O A A T I R R T S U
W I T R N R I T I S D I I R K
C F Y O R H O D O P S I N N I
I E C D T T O C R R L G A B N
O R R P N I R T C E P S Q L E
Z C L S L T K A I S X X W W G
```

ACTIN
ACTOMYOSIN
CADHERIN
COLLAGEN
CORONIN
CYTOKINE
ELASTIN
FIBRIN
GLAIDIN
GLOBULIN

INSULIN
INTEGRIN
INTERLEUKIN
LEGUMIN
PROTAMINE
RENIN
RHODOPSIN
SCLEROTIN
SPECTRIN
THROMBIN

17. Speech Shortcuts

```
K  X  R  G  W  W  R  W  M  K  L  D  N  Y  O
R  P  S  L  Y  T  L  N  E  H  Q  K  T  U  T
T  N  T  F  K  U  N  W  L  L  E  H  S  L  E
L  T  Q  E  Q  M  H  O  W  L  L  I  Z  E  S
V  X  S  L  L  I  S  A  W  K  U  D  J  G  A
L  S  N  R  R  G  S  Y  G  S  A  O  N  A  W
T  P  O  E  Q  H  T  Y  O  U  V  E  Y  H  W
P  W  S  N  E  T  N  R  M  W  T  S  E  H  E
A  D  V  D  T  N  D  L  U  O  C  N  A  K  R
C  S  R  I  C  T  L  D  S  U  L  T  S  Z  E
W  L  C  P  Z  N  U  U  T  L  S  S  O  A  A
E  V  E  B  O  D  O  O  N  D  G  O  O  I  H
P  X  B  S  N  A  H  M  T  N  E  V  A  H  E
W  D  W  O  A  H  S  I  I  T  S  T  W  G  W
I  R  T  T  D  R  E  P  O  F  S  B  B  T  R
```

COULDN'T	SHOULDN'T
DOESN'T	WE'LL
HADN'T	WE'RE
HASN'T	WHAT'S
HAVEN'T	WHEN'LL
HOW'LL	WHO'S
MIGHTN'T	WON'T
MUSTN'T	WOULDN'T
SHE'D	YOU'LL
SHE'LL	YOU'VE

```
V E L V E T S C O T E R N E O
W G A S H E L D R A K E Z V C
I V R W D L B I G I M N E B Q
B U T W E A N O C N A N A X B
Y B C A L L O U A C T U S O O
S A T I I S K S H A Q R T P S
D A E H A R L E Q U I N I J M
S Y X N T T N I S U A A N A K
O L D O G T U I A L B I D P T
T E U R N O G F R T O D I X F
R S Q K O Y A I T A N N E R L
A B P B L U E S W E D I S H U
O U U S T T E I P P D N P F D
C R E S T E D N B A R B A R Y
H Y E N A G R A G W R P L M E
```

ANCONA	HARLEQUIN
AYLESBURY	INDIAN RUNNER
BALI	LONG-TAILED
BARBARY	MANDARIN
BLUE SWEDISH	PINTAIL
CALL	ROUEN
CRESTED	SAXONY
EAST INDIES	SHELDRAKE
GARGANEY	TUFTED
GOOSANDER	VELVET SCOTER

```
B N R W G S O P U B I E F Z G
U R C H U N K U K D O I K T F
A M A L A M I L O D L I W F A
V U K Q E P R X I T M F S I R
N H U O C R C G O S O V R K S
P S J L D P E S O B K T S R L
C U O N G N H U D R K F Q I O
E W B K B I E A I P N C L E I
V U O U N A R W K I K A I M A
N T K D D K K E N O L P B K R
P A O N U O I J A E T A R A K
N A O T I J I K H I C A I P N
G C F F A T S R E T R A U Q D
P U O H S N A S I S P A C U P
I C J U J I T S U L K G E P O
```

BOJUKA

CHUN KUK DO

CUONG NHU

GENBUKAN

HANKIDO

JU-JITSU

JUDO

KARATE

KENO

KICKBOXING

LIMALAMA

NABAN

NINJITSU

PAK MEI

QUARTERSTAFF

SANSHOU

TINKU

TO-SHIN DO

WEN-DO

WUSHU

```
N O O S S A B U T D S E I R S
V P R N M C I R O C T H Q H H
S A S O B O E U S Y R J T P R
G N I K W C B E L T S I H W E
U P W L O L T E N I R A L C T
I I F R E N C H H O R N Z E U
T P D B L T O E I P B E P U L
A E A R W R Z I S R U M L L F
R S Y T B G T I D I U T O T M
S I L F Q W C O M R A L L R L
E K I O O H R S T R O Q O P T
T T E N O H P O X A S C C Y E
Y H A R M O N I C A R W C L M
U I D I D G E R I D O O I A R
P R M R T L U J C T A Q P A I
```

ACCORDION   OBOE
BASSOON   PAN PIPES
CLARINET   PIANO
DIDGERIDOO   PICCOLO
DOUBLE BASS   RECORDER
FLUTE   SAXOPHONE
FRENCH HORN   TROMBONE
GUITAR   TRUMPET
HARMONICA   TUBA
HARPSICHORD   WHISTLE

21. Burt Bacharach Songs

```
A K N X S N Y V P D I O I K Q
T H E B L O B M O I A H A O D
U R U H T R A V R U A A I Q F
L R L C H U C Q S S L N T R W
T F B R L Y L L U F H T I A F
S T N E M O M C I G A M L S U
P F O A T B S E X A Y K S H T
O I E C B A A E F W O M A N U
R H U H D C G R T N T L A S R
D S L O X H T O B O D A A A E
N T B U T A N Y D A Y N O W S
I H R T L R T W V A J O A V S
A G P L S A X I N O I S U R D
R I G W E C D P S U T I S S E
R N D S Z H H E A V E N L Y D
```

ALFIE

ANY DAY NOW

ARTHUR

BACHARACH

BLUE ON BLUE

BURT

CLOSE TO YOU

FAITHFULLY

FUTURES

HAL DAVID

HEAVENLY

MAGIC MOMENTS

NIGHT SHIFT

PIANIST

RAINDROPS

REACH OUT

SAN JOSE

THE BLOB

WALK ON BY

WOMAN

```
T U T L F A M T T T Z W T T F
B Q F V X Z P U R U V Q O S R
J Z Z W P S I R N W M E B Z W
J T O S G O O N P I L M E M Z
I N T D R P T S C N M T R Y R
L B Z N O B R A C A C U Y Y P
A C R B O A J O S T L H L C R
L E A D S Y B T T S V C L A R
R L D S L A R X N Z I F I T Z
Y Z I O L O L U I E W U U U O
T F U T N W G P C R G S M Y M
L R M T H U V Q K R P Y C I U
S A I L S I L V E R E A X R O
M U I D I B U R L R H M S O P
M F C E S I U M U I D O S N I
```

ALUMINUM	MERCURY
BERYLLIUM	NICKEL
CALCIUM	OXYGEN
CARBON	POTASSIUM
CESIUM	RADIUM
COBALT	RUBIDIUM
GOLD	SILVER
IRON	SODIUM
LEAD	STRONTIUM
LITHIUM	ZINC

L	R	H	N	N	G	A	N	U	N	Z	L	C	R	K
A	L	I	V	N	H	A	U	Y	S	Q	I	R	A	P
N	U	S	E	L	B	A	T	S	S	P	D	U	L	Q
L	U	S	S	N	U	Y	A	T	K	Z	A	A	B	O
E	T	S	P	E	Y	E	T	T	G	E	S	R	U	W
R	T	M	I	Q	R	O	V	A	U	F	G	A	R	O
A	E	F	A	R	E	T	O	A	O	G	N	D	R	T
X	S	L	R	V	T	Y	R	A	C	I	M	R	O	F
A	X	Z	Y	B	T	K	C	O	D	D	A	P	W	L
N	T	T	L	G	A	S	E	H	F	E	W	L	Y	E
B	R	I	B	Y	C	R	O	N	H	X	Q	A	A	V
F	B	E	T	O	T	L	T	O	N	H	R	O	S	I
R	N	S	O	U	T	W	L	E	R	E	A	R	T	H
Q	O	P	U	Y	E	E	R	I	A	L	L	S	M	Z
K	R	M	S	J	D	W	S	A	B	S	G	W	N	F

BARN
BURROW
CATTERY
CAVE
COOP
EARTH
FORMICARY
FORTRESS
HIVE
HOLE

HOLT
KENNEL
LAIR
LODGE
NEST
PADDOCK
ROOST
SETT
STABLE
VESPIARY

```
Y  E  K  C  O  J  S  U  G  T  L  A  C  H  T
S  T  E  G  W  U  B  E  R  E  T  X  V  J  F
M  O  R  T  A  R  B  O  A  R  D  W  C  R  S
T  R  E  E  T  R  E  J  N  A  R  L  P  C  P
A  L  K  K  B  R  R  B  N  U  O  A  C  U  R
U  V  L  E  L  I  A  I  Y  Q  U  S  B  O  B
U  U  A  A  P  U  L  K  S  S  X  V  E  L  M
Y  A  T  L  B  I  M  E  I  O  S  R  A  G  U
S  J  S  H  C  E  I  R  Z  L  N  K  J  V  M
V  A  R  K  I  A  S  R  A  F  E  I  L  W  F
X  A  E  P  L  N  L  A  L  Y  W  U  M  L  Z
S  F  E  G  Z  T  K  A  B  E  S  V  Q  W  L
E  T  D  S  Q  R  T  I  B  O  B  A  S  O  M
V  Q  L  W  E  L  D  I  N  G  O  B  E  C  T
E  O  G  O  E  B  A  O  U  G  Y  A  E  Y  T
```

BALACLAVA

BASEBALL

BERET

BIKER

BLAKEY

COWL

DEERSTALKER

FLAT

GARRISON

GRANNY

JOCKEY

KEPI

LIBERTY

MORTAR BOARD

NEWSBOY

SQUARE

THINKING

TOQUE

WELDING

YARMULKE

```
V  L  N  L  V  S  N  V  D  R  E  B  M  A  S
U  Y  M  T  E  R  S  R  N  Y  T  E  A  K  I
T  G  A  G  Z  M  A  H  O  G  A  N  Y  T  R
R  S  I  E  N  N  A  I  M  J  L  O  E  L  O
T  E  A  G  O  U  P  R  L  U  O  M  O  A  P
B  S  J  U  R  S  T  A  A  K  C  A  U  H  O
U  A  U  M  B  E  R  M  S  C  O  N  L  U  S
F  P  I  R  B  U  G  Z  E  A  H  N  H  A  A
F  R  F  P  A  S  R  N  P  G  C  I  N  I  F
E  E  S  D  L  T  R  N  I  U  Z  C  B  O  L
B  F  L  U  B  A  R  L  A  G  O  X  V  S  J
N  P  G  E  W  C  T  E  Q  C  S  T  L  R  E
O  M  E  R  O  T  O  Z  O  R  G  X  S  G  A
L  A  H  U  A  D  N  A  S  T  T  A  W  V  Y
X  A  G  T  Z  O  A  H  Y  M  G  Y  L  L  R
```

ALMOND	GINGER
AMBER	HAZEL
AUBURN	MAHOGANY
BEIGE	NUTMEG
BRONZE	RUST
BUFF	SAND
CARAMEL	SEPIA
CHOCOLATE	SIENNA
CINNAMON	TEAK
COCOA	UMBER

26. In Your "Own" Words

```
C U O R Y J D Y T R A D E H T
C O X A U N B E K N O W N S E
Z R U L L P O Z I K V Y H I X
N H O N E Q H S T P E A O T Z
M O G W T S F O B L R Y M A X
F M I O N D U O L E T T E M I
E E G L R C O O O R H Q O N J
D G S F H M W W H E R T W W E
A R K D T N N G N N O C N O I
R O O O E E E F F W W O E D N
G W W S R P R O N O N O R T W
N N S V U O S U J D I R T L O
W V H I W A H D E N W O N E R
O J U N A V I O P A G Y T M B
D F S K I D P U B L E T U A O
```

BOOM TOWN
BROWNIE
COUNTDOWN
CROWN
DOWNGRADE
FLOWN
FROWN
HOMEGROWN
HOMEOWNER
LANDOWNER

MELTDOWN
MOTOWN
OVERTHROWN
OWNERSHIP
RENOWNED
SHAREOWNER
TOUCHDOWN
TOWNHOUSE
UNBEKNOWN
YELLOWNESS

```
C O M A M K C A L B T R L I Q
E T I K N A B U C O K U G J A
N J L O A R L A A N U K S B D
H A D I P E H A A I A I H L Z
L L O R A U B T L N T N E A E
I W M M I R N S A T A G A U B
A V O A T B D S O H E I T G I
R E J N Z N T E T R R S H H L
I P O B O U A N R U G L H I L
T B R I P I K I A S N A E N Y
I V O A K D N E G H R N N G P
H T C O E H O U R C P D O O J
A A O M D E T S E R C E M W K
T N E R W H S U B R S M L L A
P P I E D R A V E N V U T E E
```

ADZEBILL	HEATH HEN
ALAOTRA GREBE	HUIA
BLACK MAMO	KING ISLAND EMU
BONIN THRUSH	KIOEA
BUSH WREN	KONA GROSBEAK
CRESTED MOA	LAUGHING OWL
CUBAN KITE	PIED RAVEN
ELEPHANT BIRD	RED RAIL
GIANT MOA	REUNION OWL
GREAT AUK	TAHITI RAIL

```
U N E J H E P T A T H L O N R R
N R O A D R U N N I N G S O C
S T H H E D H I G H J U M P B
C V R L T A T H U R D L I N G
I D A A M A H L T Q T E P R L
P Y I M T U R Z U R Y T M P O
M E E S R E R A Y A C P U T N
Y R N D C P C T M M V B J U G
L L L T S U E Y B P Z E E P J
O E C N A T S I D G N O L T U
S S E R U T E Z S T O T P O M
I D E C A T H L O N T B I H P
L A R J A V E L I N A R R S Z
Y A I J L I P H O U B D T L S
L O G H T F Y S T N I R P S L
```

BATON
DECATHLON
DISCUS
HAMMER
HEPTATHLON
HIGH HURDLES
HIGH JUMP
HURDLING
JAVELIN
LONG DISTANCE

LONG JUMP
MARATHON
OLYMPICS
PENTATHLON
POLE VAULT
RELAY
ROAD RUNNING
SHOT PUT
SPRINTS
TRIPLE JUMP

29. New Orleans Streets

```
Y O U Y A A U K Y C T M N W T
W R R F E E R I S E D L S I R
S E U L R N E T E O A J D S A
C O D E E E I N L T L M L N P
N A P A I A N Z R V J P E E M
O O F T N R N C A O T P I R A
B O T F M A I S H G B R F B R
R A E L I I L A C M A I N O U
U N E R L N L P T R A M A U T
O A B O E O A Q S E S N I L A
B M S T T W R V K E M T S E C
R O Y A L S T R E E T Q Y V E
D A O R R E T S A N O M L A D
R B S E G L A N A C U J E R S
D T F T D A U P H I N E R D M
```

ALMONASTER ROAD
BOURBON
CAFFIN AVENUE
CANAL
CARROLLTON
CLAIBORNE
DAUPHINE
DECATUR
DESIRE
ELYSIAN FIELDS

ERATO
ESPLANADE
FRENCHMAN'S
MAGAZINE
METAIRIE
ORLEANS
RAMPART
ROYAL STREET
ST CHARLES
WISNER BOULEVARD

```
P D B Y S N E C S E T U L A X
U A L I M U P K D I T G C V Y
Y I S P A H B Z M O O I M A R
A H I J E A L B E R T I I R U
R C G T Y R R B I T T I E I E
Z O U S H I R F A F P F Z E S
U A R C C C A I U I L N L G C
R T W A R K A S E R N O F A L
M I T R G P Z H T R C O R T F
H A O I Y G L O C K I A N A O
C C R O A T I C A S J M T U P
Y A P S N A C I B L A O I A J
T A N A I R P Y C I I E T P W
O T D T F C V J L W A N A U U
A G V O K P A L L I D A B S T
```

ALBERTII	LUTESCENS
ALBICANS	MARSICA
AMOENA	PALLIDA
ATTICA	PERRIERI
CROATICA	PUMILA
CYPRIANA	SCARIOSA
FURCATA	SCHACHTII
GLOCKIANA	SUBBIFLORA
IMBRICATA	TAOCHIA
JUNONIA	VARIEGATA

```
N R E T L R U A K U E T E Q L
A E L L A C E H T I T V S G B
I U O Y R O F E R E H W Y N A
R W M I G W X P Y A I G Q I H
B R L O E M N E U J S U N L O
P O I I R L I E Z M I N Z L A
D P Y C T E B L U C S S I E D
O N O B H T T A L L U K R S T
R K X P A A R H K E S C P T O
O C T O N N R E A A N I H S U
U O I V L E D D L N E N C E N
G R P N I V E K S L T R I B F
H P H T F S R T I O D H B U K
L O U P E A R L M A N P A N M
A P H A E P L T E N O E H T U
```

AJ MCLEAN
ANYWHERE FOR YOU
BEST SELLING
BOY BAND
BRIAN
DOROUGH
KEVIN
LARGER THAN LIFE
LITTRELL
LOU PEARLMAN

MILLENNIUM
MORE THAN THAT
NICK
POP ROCK
RICHARDSON
TEEN POP
THE CALL
THE ONE
THIS IS US
UNBREAKABLE

32. Deserts

```
P  A  W  J  G  A  P  E  B  I  O  S  O  P  U
E  R  D  Y  I  N  A  N  F  O  U  Y  W  A  D
T  A  K  L  A  M  A  K  A  N  R  R  O  H  F
E  B  A  P  V  H  K  U  U  R  E  I  I  A  D
V  I  R  C  A  U  A  B  H  K  O  A  V  O  P
Y  A  A  Y  O  O  L  O  I  A  U  N  G  A  I
E  N  K  G  D  S  A  S  C  M  U  S  O  R  K
J  E  U  S  C  N  H  H  K  H  A  H  B  S  Y
A  P  M  I  E  P  A  T  A  G  O  N  I  A  N
M  S  O  M  T  M  R  S  L  C  I  R  M  H  Z
A  X  J  P  F  A  I  T  T  A  O  B  D  R  C
C  I  A  S  L  T  S  A  H  A  R  A  S  O  H
A  D  V  O  U  Q  O  W  B  R  E  J  I  O  S
T  L  E  N  I  S  A  B  T  A  E  R  G  T  N
A  I  R  O  T  C  I  V  T  A  E  R  G  S  P
```

ARABIAN

ATACAMA

CHIHUAHUAN

GIBSON

GOBI

GREAT BASIN

GREAT SANDY

GREAT VICTORIA

KALAHARI

KARAKUM

KAVIR

MOJAVE

NAMIB

ORDOS

PATAGONIAN

SAHARA

SIMPSON

SONORAN

SYRIAN

TAKLAMAKAN

```
F  D  H  Q  G  S  X  N  Y  O  M  I  N  A  T
F  M  I  C  R  O  W  A  V  E  L  U  I  A  E
J  T  D  K  E  C  V  N  E  L  P  I  T  B  K
V  S  R  R  K  C  A  R  E  R  I  W  F  F  E
T  R  I  O  A  M  U  K  N  I  F  E  A  S  L
D  A  E  F  M  O  S  I  E  V  E  X  G  O  T
I  O  B  K  M  U  B  R  H  T  V  R  I  V  T
I  J  R  L  A  R  U  G  G  R  I  L  L  E  E
Y  S  E  G  E  M  E  T  N  D  A  N  A  N  K
I  T  L  K  R  S  E  R  D  I  H  S  Y  J  A
S  X  E  W  C  L  P  L  U  B  P  S  J  K  S
N  C  E  Q  E  J  E  O  F  O  U  P  N  S  P
N  A  P  E  C  U  A  S  O  F  C  O  O  I  I
L  L  B  E  I  J  D  N  T  N  A  S  F  H  I
A  U  Q  P  U  G  N  I  H  S  A  W  T  W  C
```

CAKE TIN	PEELER
CHOPPING BOARD	SAUCEPAN
FORK	SCOURER
GRIDDLE	SIEVE
GRILL	TABLESPOON
ICE CREAM MAKER	TEASPOON
KETTLE	WAFFLE MAKER
KNIFE	WASHING UP
MICROWAVE	WHISK
OVEN	WIRE RACK

```
A  B  R  U  P  T  N  A  M  A  D  A  C  I  N
O  P  A  S  A  X  O  C  U  A  B  U  F  D  A
R  I  N  B  Q  O  I  H  S  M  B  P  M  N  N
G  A  A  U  O  H  T  E  U  A  P  A  T  H  Y
A  R  L  O  Z  L  A  S  O  B  B  O  C  E  R
T  M  Y  S  Y  B  I  L  U  A  W  S  L  U  S
W  A  Z  T  S  J  V  T  G  N  E  U  U  F  S
R  G  E  E  A  O  E  B  I  D  R  O  E  R  C
O  P  N  E  F  A  R  A  B  O  S  I  Z  C  D
U  T  I  Z  F  S  B  T  M  N  N  C  V  K  P
V  A  E  I  E  S  B  A  A  Q  Q  O  I  P  I
Z  E  I  N  C  E  A  H  T  B  T  R  P  A  F
Q  N  S  O  T  R  M  L  Y  E  L  T  Y  W  D
E  I  N  G  E  T  A  C  I  D  B  A  E  N  O
T  D  Z  A  D  P  A  I  S  Q  T  M  G  A  A
```

ABACUS	ACHE
ABANDON	ADAMANT
ABATE	AFFECTED
ABBREVIATION	AGONIZE
ABDICATE	ALBATROSS
ABOLITION	AMBIGUOUS
ABRUPT	ANALYZE
ABSCOND	APATHY
ABSENT	ASSERT
ABSURD	ATROCIOUS

```
R F G U B D X A A O R I I U L
C W I M U K H R I J A T O T C
R A T N E L U C C U S Y N P U
T T C P G E P A B E R X A A F
S O O T R E R Q N I D A C P E
D R L P U I R T S O G K I R T
T A U P Z S C L Y L L H X S S
P U M O I Z H K T E J E E R E
M G N I R E W O L F N S M A N
S A S A X E T F O Y R O L G D
H S S O R G A N P I P E M A R
V B T E T X I O H L R E C V I
V I Z G A L I A T R E V A E B
S R U Q B O A R A E R A P R O
A M A R S O T B S V R T F T A
```

AGAVE
ARIZONA
BARREL
BEAVERTAIL
BIG HEAD
BIRD NEST
CACTUS
COLUMN
FINGER
FLOWERING

GLORY OF TEXAS
KEPO
LEAF
MELON
MEXICAN
MONEY TREE
ORGAN PIPE
PRICKLY PEAR
SAGUARO
SUCCULENT

```
Q K G Q O P W I W A N X Q S S
U P F N X W Q L V T W T X E T
A Y S W I M N G X S L M K R R
T S S P X W R W C P S H T Z B
H R H R L O F P O H Q G O O Q
S B B G Z B M R S O E B N K U
A N X T H L T F P R V E U A E
E S X E B E T A I A S L K T C
A B S M R A E E O N L P F S H
Q K O R A D I L E R G M J I A
G C C I I W A I S T H E S R E
L E H A N D S B M U H T R W F
J N L H B S T E C A F I I S T
T L S E T A H R O W R O V B Q
X F G Q P X O Z I T X L A I I
```

ARMS	HEELS
BACK	NECK
BONES	PALMS
BRAIN	TEETH
CHEEKS	TEMPLE
ELBOW	THROAT
FACE	THUMBS
FINGERS	TOES
HAIR	WAIST
HANDS	WRIST

```
M E T R O P O L I T A N J A C
X S S P E E D F I G H T T A R
U E T V B D B T A P M L B S A
A R E V A M I R P V A R O L B
A O L B R S G R E N E T O T R
E A L I A A R T T L R X T X
C A A M C I U I T S I T A B S
L O C U S S C A E U O I T N O
O H R L P U K V L Z D H S T O
G N A M G R U B I D K P G K P
C A T A R A S L T N I L R B H
Z H T U O N L Z S D T D K U H
O Y L I F I E V E S P A B I E
X U E T O Z U R Z C A Y G R R
F U R N O S I D A M S I I E M
```

ATLANTIC
BIG RUCKUS
BURGMAN
CABRETTA
ESTILETTE
GHOST RIDER
LOCUS
MADISON
METROPOLITAN
PRIMAVERA

RATTLER
SCARABEO
SPEEDFIGHT
SPIDER
STELLA
STORM
VERANO
VESPA
VINTAGE
ZILLION

```
F G G P U B Y O P Q T R B H N
R N J P N R E T E M O M E N A
V I S P I N N A K E R W P L Y
A L I A S N I A M M M R U J R
R E C U T T Y S A R K O C R T
S E T U A A E S G R E Q S R A
T H T O R Z T S E N K A A X C
Y Z H C B W N D A F I D C T K
R M A E O R D A U S E L I H I
M E R A A U I F R W D A R R N
G P U N R V D G I A C K E U G
C R U S D S E N G X M I M B F
R Y H G N I D T I I R I A T O
L P O O L S C H O O N E R V P
P B A I O G G H T S P G T T X
```

AMERICA'S CUP   OCEANS
ANEMOMETER   RIGGING
BEAM REACH   RUDDER
CUTTY SARK   SCHOONER
DINGHY   SLOOP
FURLING   SPINNAKER
HEAVE TO   STARBOARD
HEELING   TACKING
MAINSAIL   TRADE WINDS
MAST   TRIMARAN

39. Popular Celebrities

```
N I C O L E K I D M A N N C I
E C N P K O B E B R Y A N T S
V M I R E L T O N J O H N R L
J N L A M S K N A H M O T A T
W O A H D I I Y R I Q K U W I
I T D W S A C U L E G R O E G
L L A I G B M H R H S Z C T E
L I M N E L R S E C E P M S R
S H M F R F S A A L M X I D W
M S A R G R O V D N L O Z O O
I I H E U D R S D P D E T R O
T R U Y P S I T T F I L W F D
H A M U L K I D I E H T E I S
P P E D Y N N H O J R X T R E
J A Y L E N O I D E N I L E C
```

ADAM SANDLER
BRAD PITT
CELINE DION
ELTON JOHN
GEORGE LUCAS
HEIDI KLUM
JAY LENO
JODIE FOSTER
JOHNNY DEPP
KOBE BRYANT

MICHELLE WIE
MUHAMMAD ALI
NICOLE KIDMAN
OPRAH WINFREY
PARIS HILTON
ROD STEWART
TIGER WOODS
TOM CRUISE
TOM HANKS
WILL SMITH

40. Soccer

```
Q H R E Q U A L I Z E R A I H
E X I C X V Q J I S S M X S A
M T P H A T T R I C K D P R E
T O U G O D R E D N U A X Y O
F K O T S D N A M S E N I L R
E L C R I C R E T N E C N D E
L E A I G T O A D I U L J N D
K A V H K N S R C I M E U E N
C C I A T L I B E D S E R I E
A B M N G S A G U R E F Y R F
T T P D A H R O N S O R F F E
O S W B G A E I G A O K T O D
K Z Y A O L U T F D H K S L A
A O C L R A B S S O R C G S T
Q O M L I D B E S S U O O A A
```

CENTER CIRCLE
CHANGING ROOM
CROSSBAR
DEFENDER
DRAW
EQUALIZER
EXTRA TIME
FIRST HALF
FRIENDLY
GOAL KICK

HANDBALL
HAT TRICK
INJURY
LINESMAN
OFFSIDE
RED CARD
SCORER
SUBSTITUTE
TACKLE
UNDERDOG

41. Gemstones

```
T N O J A D E U Y S H T E A F
S X S R I E F N U D E B R E A
Y U K A G A T E O H T S L T E
H B R E P S A J N T O D O U I
T A U U T P X L R B S P S R R
E T T R I O H A S P A N C Q D
M N O I Y H T I A Z E O O U N
A Z I U E V D R R T Q P Z O O
R Y I R R I F N I E V A A I M
U S I R A M E N I V I L O S A
N A E N X M A L A C H I T E I
V R I L U Z A L S I P A L S D
K V O S N L H U I U U F T U I
U Q U A R T Z V Q N E L T S Y
L K T X U K A P X A E W K O P
```

AGATE	OBSIDIAN
AMETHYST	OLIVINE
AQUAMARINE	OPAL
DIAMOND	QUARTZ
FELDSPAR	RUBY
JADE	SAPPHIRE
JASPER	TANZANITE
LAPIS LAZULI	TOPAZ
MALACHITE	TOURMALINE
MOONSTONE	TURQUOISE

```
O Y R Z K E Y B O A R D S H A
N H H Y T S P E W D L P C A T
O P E R A T I N G S Y S T E M
I A O C H A R D W A R E F S P
S R P T I J L E D A C P I A A
S G R P F V R Q T R N G L B N
E O P E L O E F S U A A E A G
R T V R V I A D A Z P H S T I
P P V A O R C S T G Y M U A A
M Y D W S G E A H O X P O D R
O R H E T M R S T R O U M C N
C C S E T Y B A G I G B N L R
C P S R E E G A M I O C L I C
I Y F F S K R O W T E N N C L
Q B C T H R R Y R P R I T K A
```

APPLICATION	HARD DISK
BOOT DEVICE	HARDWARE
CLICK	IMAGE
COMPRESSION	KEYBOARD
COMPUTER	LINUX
CRYPTOGRAPHY	MOUSE
DATABASE	NETWORK
FILE	OPERATING SYSTEM
FREEWARE	PROGRAM
GIGABYTE	SERVER

```
S  S  B  S  W  C  O  A  X  S  X  I  A  K  K
I  S  P  R  W  P  M  M  S  N  O  E  Q  K  R
C  S  N  A  E  B  D  E  K  A  B  R  E  A  D
R  H  A  Y  G  T  A  S  E  I  K  O  O  C  A
V  J  I  P  H  H  T  S  G  A  L  I  P  D  O
P  I  B  C  U  S  E  U  T  O  I  I  U  I  N
S  Q  E  P  K  S  N  T  B  O  D  I  O  P  Y
I  C  E  C  R  E  A  M  T  T  A  T  S  A  Z
N  U  G  Q  Y  F  N  L  E  I  U  S  O  R  O
O  E  I  P  E  L  P  P  A  A  O  N  T  H  I
R  S  L  A  R  E  N  N  I  D  T  S  A  O  R
A  E  A  W  E  T  S  F  E  E  B  L  M  E  R
C  E  H  T  C  H  I  C  K  E  N  S  O  U  P
A  H  K  E  W  D  E  Y  L  L  E  J  T  A  H
M  C  E  C  A  S  S  E  R  O  L  E  A  S  F
```

APPLE PIE	ICE CREAM
BAKED BEANS	JELLY
BEEF STEW	MACARONI
BREAD	MEATLOAF
CASSEROLE	PEANUT BUTTER
CHEESE	ROAST DINNER
CHICKEN PIE	SALAD
CHICKEN SOUP	SPAGHETTI
COOKIES	TOAST
HOT DOGS	TOMATO SOUP

```
M A R G I P E P S I L O N Y J
Q L K M P S J T C L L E O L T
E P S C U X R A E U L M Z R R
L S E E C T E E R B A Y A R
U N D E Q I A P N K N N Z E P
C S I T H U R R Y I J A C N A
I A F A N L A T R W L T L G L
D M Y L L A U T N E V E A I O
A E I O D E H E O E A A Y N Y
T S N P B E S P N R C F F E G
I D G A E N A M E L I C J E S
O S Y R T L O K H L I A E R L
N O I T A R O B A L E S L J R
O W E X C E L L E N T A T A W
A N I E M B R O I D E R Y R D
```

EARLY   ENLIST
ECCENTRIC   EPIGRAM
EDIFYING   EPSILON
ELABORATION   EQUATORIAL
ELEPHANT   ERRATUM
ELUCIDATION   ETERNAL
EMANATE   EVENTUALLY
EMBROIDERY   EXCELLENT
ENAMEL   EXTRAPOLATE
ENGINEER   EYELINER

```
U R L V E A G V O O Q M U M F
D K P J J B A A T B U U X K A
R O E G R A L A N D K J C A R
Z T F L I G H T L L S I O S E
U C I R T X K T H I E V A E L
Y C L K E T A G T J I A U I R
T G G N I V I L N J A W S H O
I M L E K C A L I I N H A T B
J M N A Q C E Q E R K M L G A
C R R A T T M Y R A E O E N L
P T R P T T Q L J E R D O E I
C E P E S H E G A U G N A L K
I L R W T J L R U I N N E E E
A S I E J A T X R L T W O D L
I X X W D D L A A E A G Q L Y
```

LABOR	LEAVE
LACK	LENGTH
LAND	LETTERS
LANGUAGE	LIFE
LARGE	LIGHT
LATER	LIKELY
LATTER	LITTLE
LEADER	LIVING
LEARNED	LONGER
LEAST	LOOKING

```
M M T N S P K N O D O C O L A
N A Y O R U S T Q E D A X B A
P B A D O X R B U I X M E D G
A R D O T L S U P I E L E A T
S O A I P Y P L A G I I S T T
U S S D A F O G A S N T J T O
M A A R R D T R A O O O E G I
I U U A O R A U C N B L O R G
M R R C E P R H I A K B L R U
I U U X T U E A R K I Z A A A
T S S O S I C I P T G K M A N
C Z R B R E A P I A R E B Q O
I C Z U T R G T L P Y A I I D
T R S U R U A S O R A B A T O
S S E U T N B C I O N O D O N
```

ABELISAURUS

ABROSAURUS

ADASAURUS

ALLOSAURUS

ALOCODON

BAGACERATOPS

BAROSAURUS

CARDIODON

CIONODON

DEINOCHEIRUS

DIPLODOCUS

EOLAMBIA

EORAPTOR

GASTONIA

GOBITITAN

IGUANODON

JOBARIA

MEGARAPTOR

T-REX

TIMIMUS

```
N L L A T S N A W F X U N W F
O T H E D A B I N E T T A E P
T Y E S R E J L E S I H C L O
S U V S T R R N A N N Y L B W
I U O E S E A T I T X T S O Y
R X D N H U E B E P O Q T N O
F R D I S I R I L S P M T N M
L U E L O N P N U L R I U E E
A H V O T I W V E E I E P D L
U R O R N L X O M D I F M L R
V I R A I L L Y R E L N O O O
U L P C C E R L U B L O T G S
L B M L M C V A A T I O G I E
Y K I N G S T O N B L A C K Z
N E U K P O L J N F O A A H L
```

ALFRISTON
BROWN SNOUT
CAROLINE
CELLINI
CHISEL JERSEY
COLE
DABINETT
FILLBARREL
GOLDEN NOBLE
GOLDEN RUSSET

IMPROVED DOVE
KINGSTON BLACK
MCINTOSH
MELROSE
NANNY
PIPPIN
RYMER
SOMERSET RED
TOM PUTT
WANSTALL

```
M L U F S S E C C U S P R T P
R D W L I H X S T R I U M P H
A E O A D R O C E R D L R O W
L C C D L A S W T J P A R D X
U H O E D K W T A O A E P I G
P A B M I G A M P C O B X U N
O M T D P V N W H L E R T M I
P P A L D S I I A A A I O F R
G I I O P O E N T Y N C I I E
N O N G K V L I G S W C E N U
I N I W I F N R T W E I U I Q
D A N N L G P I X U M V T S N
A P G B O R N W I N N E R H O
E S J V I C T O R I O U S A C
L N U L T G L O R I O U S A H
```

ACHIEVING

BEATING

BORN WINNER

CHAMPION

CONQUERING

FIRST PLACE

GLORIOUS

GOLD MEDAL

GUT INSTINCT

HARVESTING

LEADING

OBTAINING

PODIUM FINISH

POPULAR

RECEIVING

SUCCESSFUL

TRIUMPH

VICTORIOUS

WALK AWAY WITH

WORLD RECORD

49. State Capitals

```
U T M A M J O G Z F L B T Y H
F X E S M A E L L I V H S A N
P R L L A P G E K A A L J F A
A C A R S S U B M U L O C N R
B T S N D T O P E K A S L L F
Q O S L K Y R E M O G T N O M
Q O S U I F N E F E R T J C R
L Y T T G T O C V A L B A N Y
W P P R O U T R A O T H M I P
J Y Q A T N A L T A D N R L W
B U I T R A B S E O A R A E T
H O N O T N E M A R C A S S E
U W I E E K X I N E O H P Z O
Z N X S A L T L A K E C I T Y
W T S R E U Z H S I X Z K A N
```

ALBANY	LINCOLN
ATLANTA	LITTLE ROCK
AUGUSTA	MONTGOMERY
BATON ROUGE	NASHVILLE
BOISE	PHOENIX
BOSTON	SACRAMENTO
COLUMBUS	SALEM
DOVER	SALT LAKE CITY
FRANKFORT	SANTA FE
JUNEAU	TOPEKA

51

```
G A P R E T T Y W O M A N G Y
O I T D K L R A G Z L M R W G
D Y W S E Y E E U L B E M E R
D A N I E L O T C A E R R V X
N W N T L R I R S N S I S E S
U A X C G L I L D D A C B R E
O E R I I E S O A S A A D G E
H D A B D N O P C H Z N Z R V
E A S O S R G D N T R P C E E
U F U N T F M Q Z S B I M E R
S T Y E H E Y J U D E E R N Y
U O E S G N O S S E I N N A D
U N O I T A R B E L E C H E A
S L I X G G T E T E R N I T Y
B R Y R R P T W S L A K A O D
```

ALL CRIED OUT	EVERGREEN
AMERICAN PIE	EVERYDAY
ANNIE'S SONG	GEORGIA
BLUE EYES	GREEN DOOR
BONES	HEY JUDE
CELEBRATION	HOUND DOG
DANCING QUEEN	I WILL
DANIEL	LET'S DANCE
DELILAH	NOT FADE AWAY
ETERNITY	PRETTY WOMAN

```
A  U  B  E  Q  I  J  S  P  A  Z  B  N  P  N
R  T  A  U  U  L  I  B  N  S  R  U  L  S  X
M  S  D  H  Q  P  C  S  R  A  U  G  A  J  H
D  G  T  O  S  S  N  O  I  O  T  D  D  I  L
R  N  W  O  L  J  R  D  W  G  N  I  K  Q  I
S  I  X  F  I  P  E  E  H  B  B  C  T  K  O
B  K  R  D  V  R  H  T  L  A  O  C  O  S  R
A  I  N  A  S  P  T  I  S  E  S  Y  O  S  J
F  V  L  B  U  C  C  A  N  E  E  R  S  N  L
E  A  G  L  E  S  A  Y  P  S  A  T  L  E  X
I  A  L  Y  S  R  E  G  R  A  H  C  S  V  P
T  D  L  C  S  C  A  T  E  X  A  N  S  A  A
Q  A  S  L  O  R  P  E  P  Y  W  H  A  R  O
E  C  G  I  A  N  T  S  C  U  K  J  T  R  G
S  W  O  R  E  D  S  K  I  N  S  T  F  L  N
```

BILLS	JETS
BRONCOS	PATRIOTS
BUCCANEERS	RAIDERS
CHARGERS	RAVENS
COWBOYS	REDSKINS
DOLPHINS	SEAHAWKS
EAGLES	STEELERS
FALCONS	TEXANS
GIANTS	TITANS
JAGUARS	VIKINGS

```
L V I A I K O D J T S Q P R B
A O L S S Q C O S R P B S L A
O T L W E P K O P E R I A K T
X L S E L Y E W L M U R N V Q
T H A E P T A N D M C C L E P
Z I S T A U N O O H E H E A H
S C S G M C T T U L E H Y U T
M K A U B F C T G C F X E U S
F O F M A G N O L I A K K Y G
Y R R E H C K C A L B W C T L
A Y A N E S J E S X E A U U R
W H S D T U Y L F V M L B W S
E E A I U U H K I O K N T W A
R R D O O W D E R H D U E S T
P Z O M T D C E Z M J T S O W
```

ASPEN	MAGNOLIA
BIRCH	MAPLE
BLACK CHERRY	PINE
BUCKEYE	REDWOOD
CEDAR	SASSAFRAS
COTTONWOOD	SPRUCE
DOUGLAS FIR	SWEETGUM
HEMLOCK	SYCAMORE
HICKORY	TUPELO
LARCH	WALNUT

```
C R A F T S M A N S H I P P G
I E U Y C W T C B N P Y A Z P
N S A R T I S T R Y J Z I R O
G O U A A I A S A G E N I U S
E U I V N T L R N U V O Y G R
N R S T I S H A D E O I M S T
U C M S A S R L N M O T A P C
I E T N E R I T E I F A S T S
T F D R O N I O W I G N T H U
Y U F T Q V R P N Q R I E C X
W L E R E T R E S R H G R U A
D N E N I T S I V N P A Y O D
R E E T A S S C A E I M B T N
U S A L E C N A I L L I R B P
S S T Y L E R U T A F C O E E
```

ARTISTRY
BRAND NEW
BRILLIANCE
CLEVERNESS
CRAFTSMANSHIP
FINESSE
FLAIR
FRESH
GENIUS
IMAGINATION

INGENUITY
INSPIRATION
INVENTIVENESS
MASTERY
ORIGINALITY
RESOURCEFULNESS
STYLE
TASTE
TOUCH
VISION

54. The Bookworm

```
Y W H A R R Y P O T T E R U T
H E N R Y J A M E S Z M F S A
F M D O M A R Y W E S L E Y D
L M S N T I H L S F T S G M A
O A N A E R D O N N Y A U K M
O X E S R L A D I V E R O G B
W F I P S A L H L T I K P H E
A A K T X U P A W E N S C O D
I Y L R O S E A L H M S S I E
N W O D P I H S R E T A W A D
I E T L O P P I R E B I R S Z
G L R B X A K R Q D T A D C U
R D R E R Y E E N A J S S E H
I O J K G G N I L W O R K I D
V N P T E M A M D I V A D Y J
```

ADAM BEDE
DAVID MAMET
DICKENS
DR SEUSS
EDITH WHARTON
EMMA
FAY WELDON
GORE VIDAL
HARRY POTTER
HENRY JAMES

ISABEL ALLENDE
JANE EYRE
JRR TOLKIEN
MARY WESLEY
MIDDLEMARCH
MURIEL SPARK
ROWLING
SARA PARETSKY
VIRGINIA WOOLF
WATERSHIP DOWN

```
Q R L A V E N E Z U E L A J L
P E A T R C O A S T L I N E E
T V W I G G O A T B I C A Q M
U I D W N Q E A H R H G I U A
D R A G S F E N G A C U U A N
L N E S T I O T T Z I Y G T I
D O G P P R X R S I C A H O R
Y Z T A Y A O A E L N N C R U
F A L K L A N D I S L A N D S
O M U N C A U I A B T U E U P
F A T G K M P G S U M U R T A
J S M Z A R T A U H C O F S S
S C I P O R T L G R O E L Y L
B L N L O Q A E T O U Y P O F
I I B Z L J U P S W S L E X C
```

AMAZON RIVER	GALAPAGOS
ARGENTINA	GUYANA
BRAZIL	PARAGUAY
CHILE	PERU
COASTLINE	RAIN FOREST
COLOMBIA	SPANISH
ECUADOR	SURINAME
EQUATOR	TROPICS
FALKLAND ISLANDS	URUGUAY
FRENCH GUIANA	VENEZUELA

```
I  S  L  Z  V  O  E  D  P  D  C  L  A  B  F
L  N  T  C  H  P  G  V  A  D  O  P  T  E  E
F  R  E  E  D  U  N  F  O  R  S  R  A  H  E
U  R  S  S  E  N  I  F  O  O  G  A  A  L  B
U  C  M  J  E  O  M  E  D  O  R  W  R  R  K
H  E  U  S  R  O  O  W  T  P  A  G  D  I  H
Q  S  U  S  C  B  O  E  L  I  D  X  V  S  D
D  T  C  L  E  A  L  B  I  N  K  S  A  C  J
K  E  A  S  D  B  B  A  M  G  E  S  R  O  L
J  E  V  X  S  R  N  P  Z  A  N  E  K  O  H
E  M  E  Q  I  D  D  A  A  W  B  E  D  L  G
P  T  S  H  G  I  J  I  T  A  G  R  E  E  S
E  I  A  F  C  U  N  M  U  M  M  T  C  R  D
D  L  T  O  R  L  N  G  G  N  K  V  R  W  G
M  S  P  I  R  V  D  J  Q  V  S  U  I  P  I
```

AARDVARK	DROOPING
ADOPTEE	ESTEEM
AGREE	FREED
BABOON	GOOFINESS
BAMBOO	GREEN
BEEF	GROOVE
BLOOMING	HAWAIIAN
CHEEK	NEEDED
COOLER	TAXIING
DECREED	VACUUMS

```
U G R E G G I R T U S H Q P M
O R N C G N I T S E V N I A V
U P F I D A I X G A S L N Z S
T F F L D H R W A S I A C H T
S W C S D A A T S M G V O K I
R W T H K D R S I E I Y M Z U
E X U A U C N T M B H U M P S
Y U O R S R O E A Z R R O R U
J U K E M R N T D I Y A D J G
P M A S D T O I S I O T I M M
T M E E O I S I N Y V H T Z Q
R T R P R E W O P G N I Y U B
E E B E Q U I T Y F U N D S Z
N O I T P O F I N A N C E X L
D S T N A L Z S K P B V I P E
```

ARBITRAGE

BREAKOUT

BUYING POWER

CHURNING

COMMODITY

EQUITY

EX-DIVIDEND

FINANCE

FUNDS

INVESTING

LIMIT ORDER

MANAGEMENT

OPTION

PENNY STOCK

SHARES

STOCKS

SWING

TRADING

TREND

TRIGGER

58. Train Travel

```
B E S R T D I V Q P L P C A D
V N L N S T A T I O N R R S C
N G I N G S I X E U U R C R T
A I A W P N T M R X I S A S C
O N R K A O I E E V P R N T E
P E E S S I W K A T D R C A D
F G S R S T T L O M A E E E P
S A E G E A S I I O T B L S H
L I R T N N M Z N D B R L C S
E R V E G I R R R G Y P A E A
E R A K E T O I Z J R O T I M
P A T A R S V I A M C O I T N
E C I V R E S G N I P P O T S
R D O F R D Q Q R R Y Z N M S
V R N O A C G X N S J R T Y A
```

ARRIVALS

BOOKING

CANCELLATION

CARRIAGE

COACH

DESTINATION

DRIVER

ENGINE

EXPRESS

FARE

PASSENGER

RAILS

RESERVATION

SEATS

SLEEPER

STATION

STEAM TRAIN

STOPPING SERVICE

TIMETABLE

WAITING ROOM

```
D Y Z L L G E B Y S O S V A M
A M I R B V S I B E L I U S F
A H A N D E L Z P P V N C Y S
Q A J R I H E E L A S H U A T
P T U A T C X T L C U O A N N
I S E G R A C D H M O S R A M
W I R L T B I U A O C S A S U
G H O E S T B N P A V L U S I
H C R Z L E N S R A R E B L V
T O L G R H W L U I O D N N E
P D L T B R A H M S S N N E V
T C R S P T B M D S S E D R T
V U T V R A Z O M I M Y T M
T T N I W H S R E G N H A S A
N G F P Y K S V O K I A H C T
```

BACH
BEETHOVEN
BIZET
BRAHMS
ELGAR
GERSHWIN
HANDEL
HAYDN
HOLST
MAHLER

MENDELSSOHN
MOZART
PUCCINI
ROSSINI
SCARLATTI
SCHUBERT
SCHUMANN
SIBELIUS
TCHAIKOVSKY
VIVALDI

60. Something Philosophical

```
P O M S I N I M R E T E D Y A
R B A T R Y O O N T O L O G Y
A J T S E G T I F S X E N R H
S E E I A O O N T F C O T E C
P C R L L R F G A S I Q S I
J T I A I O T R R T N E H P T
Z I A I S M A R I E A E T T C
X V L T M E M C U X E Y I K E
P I I N H T I S I I D D I L L
T S S E N S U O I C S N O C A
L M M T M I M O W N O M A M I
N I X S W P M S I T A M G O D
U L L I W E E R F N S M C T A
H L S X F A T A L I S M U T R
P H R E L A T I V I S M H H X
```

AGNOSTICISM   EXISTENTIALIST
ALIENATION   FATALISM
ALTRUISM   FREE WILL
AXIOM   FREEDOM
CONSCIOUSNESS   HUMANISM
DETERMINISM   MATERIALISM
DIALECTIC   OBJECTIVISM
DOGMATISM   ONTOLOGY
EPISTEMOLOGY   REALISM
ETHICS   RELATIVISM

```
H B R M T N D N U H S H C A D
K F L U N N U S J W E Q F E G
C O L L I E L G A E B G A W J
U E M J B S S H E P H E R D L
M T M O C P A E S A F N X C T
P K X T N L P R N X B N P B Q
U E L S X D C H I H U A H U A
R N K O B R O T T W E I L E R
R A C I F U B R T D L T E L Z
T D R A N R E B T N I A S A Y
P T G D I G O L R A S S E D K
U A P I J R E N D X Z L N E S
V E O L D N N S Q O P A R R U
L R M A L T E S E T O F E I H
S G R A S H R O C A D P B A T
```

AFGHAN HOUND
AIREDALE
ALSATIAN
BEAGLE
BERNESE
BOXER
CAIRN
CHIHUAHUA
COLLIE
DACHSHUND

GREAT DANE
HUSKY
KOMONDOR
MALTESE
NORFOLK
PEKINGESE
POODLE
ROTTWEILER
SAINT BERNARD
SHEPHERD

62. Hollywood

```
D O O W Y L L O H S T A R S N
M O U N T O L Y M P U S Y D T
D O R T B I G H O U S E S S C
R E T A E H T E S E N I H C T
A I S I U M O H I Z G O A M E
V C L V O O A T E H P L P U N
E Q R O T N I F T S I I L E Y
L R Z E S R P S F F I U A S A
U S T D B A E I O O A G W U B
O R I E A E N R C U K O N M R
B U L A I U N G U T H L Y X R
H E G N U I X K E S U Y A A N
C S G P A R O M A L G R I W S
A J S L L I H Y L R E V E B L
F P J U T H E H I L L S U S K
```

BEVERLY HILLS   MOTION PICTURES
BIG HOUSES   MOUNT OLYMPUS
BOULEVARD   SHOPS
CALIFORNIA   SHOWS
CELEBRITIES   SIGHTSEEING
CHINESE THEATER   STARS
GLAMOR   THE HILLS
GLITZ   THE SIGN
HOLLYWOOD   WALK OF FAME
LOS ANGELES   WAX MUSEUM

```
D  R  V  X  A  N  T  H  E  I  N  S  P  L  R
C  U  S  X  A  N  T  H  E  N  E  T  R  X  X
X  X  R  F  R  N  S  E  C  T  R  X  I  Y  A
E  A  Y  A  R  X  T  R  I  W  Y  P  L  L  R
N  N  N  C  R  X  H  H  T  L  H  I  U  O  S
O  T  F  T  X  I  D  A  O  O  C  X  C  I  S
P  H  I  O  H  R  Z  G  I  G  Y  Q  Y  D  T
H  A  Z  R  U  I  R  D  B  L  E  F  H  Z  T
O  N  X  L  H  A  P  R  O  Z  N  N  V  S  P
N  P  D  E  P  Q  O  P  N  S  E  J  E  A  C
Q  U  S  H  R  F  H  O  E  E  L  I  P  D  W
K  E  T  I  N  O  L  Y  X  T  Y  L  B  Q  W
G  U  D  A  N  A  X  P  V  A  X  E  N  O  N
R  U  R  E  I  V  A  X  A  S  I  M  K  T  D
A  N  L  V  O  T  L  A  I  H  E  D  B  T  T
```

X-FACTOR	XENON
X-RAY	XENOPHON
XANADU	XEROX
XANTHAN	XIPHOID
XANTHEIN	XYLENE
XANTHENE	XYLIC
XANTHIPPE	XYLOGRAPH
XANTHOGEN	XYLOID
XAVIER	XYLONITE
XENOBIOTIC	XYLOPHONE

64. Sushi

```
F E Z B U A K N L H M Z T Y N
R R Z Y Z O I P U A D Z K W I
P E R Z U G U R K T N Q V A F
O P A H D I L S O A W K E K T
S A W O A N R W T H T O I A A
A P R T H D A N H A K T M M A
R E A A T A O I I T K A E E O
T C B T G R R R A G R E U E
O I A E I A A P N O U A I N N
K R K G M G Y P Y R U B G P T
F W P A A E I A G E T A M J Q
N X S I S E K T K F W G S O U
P A D G A I R N R A F A V H K
K A S U G O E E B T U N T U G
I A E Q O W B I E A T I O O T
```

AKA-YAGARA

ANKIMO

AWABI

ENGAWA

GINDARA

HATAHATA

HIRAMASA

HOTATEGAI

ISAKI

KASUGO

KATSUO

KOMBU

MASAGO

MATEGAI

NORI

RICE PAPER

TAIRAGAI

TAMAGOYAKI

TARABAGANI

WAKAME

```
G Y W O O B W L A J A R B E Z
A A Q L I S K G I R A F F E L
A Q N S C R O C O D I L E E S
L Y O F M U I R A U Q A A Z M
S N I T S E E B E D L I W N P
R K L R Q J O Z G C E G R A A
S G A R A E B R A L O P A P N
G I E N I S I A E F E N Z M T
L I S L G Z A P N Q T M I I H
Z B R R Z A H L Z E O S A H E
D R R L M A R T L T Y T Y C R
I A Y A N Y K O Y I I H I C D
R T I T G S P O O G R O T J L
Y E S V S E R S E S R O H A O
V B R U F R I R D O I I G O I
```

ANTELOPE
AQUARIUM
BISON
CAMEL
CHIMPANZEE
CROCODILE
ELEPHANTS
GIRAFFE
GORILLAS
GRIZZLY

HORSES
HYENA
KANGAROO
PANTHER
POLAR BEAR
RHINOCEROS
SEA LION
TIGER
WILDEBEEST
ZEBRA

```
J S P U N O P S K L J T M G V
E E U G N E R E M K Y I P T E
T U S Z K T J P T N F C V P N
S L V E L B O D O S A P T E R
S B A C C C C T G H O N S T Q
A Q G N W N H O U P Y W P S E
G B S A M B A A B T T D T K P
U T L D O U C D R M L O N C S
X T P S T X H P E L A T S I A
Z L O I B L A I T L E M C U L
T L Y R S R C Y T M O S L Q S
F E L R E O H N I A T P T S A
A K L O P L A W J J N S Y O O
L R U M B A O O G Y P G V A N
F F D E F S J B R S R F O R M
```

BLUES

BOLERO

CHA-CHA-CHA

CHARLESTON

JITTERBUG

JIVE

LINDY HOP

MAMBO

MAYPOLE DANCE

MERENGUE

MORRIS DANCE

PASO DOBLE

POLKA

QUICKSTEP

RUMBA

SALSA

SAMBA

TANGO

TWO-STEP

WALTZ

```
O T C A S T L E L L A M E H T
I E E H A R L E M M E E R C S
R S G N I R P S L A R E N I M
K U R A N L L I H R A D E C K
N O M B R I D A L P A T H E C
E H W S A B S R N E W C O R O
E T N U E C U C E N L D P I R
R A E W Q Y M P O N E B O N I
G O E P A V M Q I U S E M K O
T B I L N L I S T N R Z D A V
S D O O W H T R O N E T O L R
A T Z I A R R A N P R T S O E
E X G C D N O P E L T R U T S
G M S U O U C D C R T A F M E
O O K O I R K V N T G U U S R
```

BOATHOUSE
BRIDAL PATH
CASTLE
CEDAR HILL
CHILDREN'S ZOO
EAST GREEN
GREAT LAWN
HARLEM MEER
ICE RINK
MINERAL SPRINGS

NEEDLE
NORTH WOODS
PINETUM
RAMBLE
RESERVOIR
RUMSEY
SUMMIT ROCK
TENNIS COURTS
THE MALL
TURTLE POND

69

```
L R T E I W T A I D S R T U S
P A T E L L A A U I T X B B R
R I L G C B A P E O T L B R P
F E M U R T I L S Z G U X S I
P H O A B F C D U E Z U L B T
U A U R I I Z U N P P R T U Y
E C F M V B F S N A A A A O V
J P R A E M I C O R M C T R D
T S L A S R A T A T E M S S R
J C B A N R U L Q A I S H A Z
R Z Z I N I F S L S N A D L O
I I S J R L U Y R E C I L A O
G S T E R N U M F L U N A T E
P R S S K T A L U S S S A U A
P S C T A A T R N T N P Z S F
```

CLAVICLE	PATELLA
CRANIUM	RADIUS
FEMUR	RIBS
FIBULA	SCAPULA
HUMERUS	STAPES
INCUS	STERNUM
LUNATE	TALUS
MALLEUS	TIBIA
MANDIBLE	TRAPEZOID
METATARSALS	ULNA

69. "G" Fabulous Creatures

```
G  R  E  N  Q  S  T  C  L  F  P  I  S  L  W
U  I  A  L  A  V  R  A  H  D  N  A  G  U  O
O  H  M  S  R  A  N  A  G  A  G  Y  G  O  A
R  S  E  D  A  G  R  O  G  L  A  O  G  H  R
S  A  J  A  R  Y  I  W  A  S  B  J  R  G  V
G  R  I  N  E  B  Y  I  C  L  E  T  E  W  J
S  T  I  C  O  L  S  U  I  N  E  G  H  Y  E
A  Y  A  I  L  T  T  N  G  E  E  R  H  L  L
F  G  N  I  I  U  G  A  L  N  A  I  P  L  I
Q  F  O  G  S  U  N  Q  E  T  S  F  R  G  T
K  N  G  L  K  G  S  E  I  G  I  F  L  I  L
A  O  R  I  E  R  S  P  N  O  F  I  F  A  O
I  L  O  R  L  U  E  O  E  L  U  N  Q  A  S
Q  U  G  A  A  T  M  G  G  E  X  K  M  E  W
V  G  S  U  R  E  S  N  W  M  D  S  D  E  U
```

GAGANA	GOLEM
GANDHARVA	GORGADES
GEGENEES	GORGON
GENIE	GRIFFIN
GENIUS LOCI	GRINE
GHOUL	GULON
GJENGANGER	GWYLLGI
GLAISTIG	GWYLLION
GNOME	GYASCUTUS
GOBLIN	GYTRASH

```
D I Z C L O Y E L B A R U C O
S A V D O E T E L E N V K G Z
A G D T M M L E L B A I V N E
P R N I D E M B L B A D Z Q C
L E E O S E A E A B A T R A U
I E L Q T H C S N U A T I C M
X A B M C A O L U D G R I C C
W B A A R L B N A R A R A U C
E L T Z D X A L O R A B A E S
C E N Z V U L N E R A B L E B
D A R P R E D I C T A B L E Y
R Z U W R E P O R T A B L E W
V G T T K P E R M E A B L E C
O F B I I M P E C C A B L E R
D Y P A Y A B L E I P X C B R
```

AGREEABLE	IMPECCABLE
ARGUABLE	MEASURABLE
BEARABLE	NOTABLE
CITABLE	PAYABLE
COMMENDABLE	PERMEABLE
CURABLE	PREDICTABLE
DECLARABLE	REPORTABLE
DETACHABLE	SUITABLE
DISHONORABLE	TURNTABLE
ENVIABLE	VULNERABLE

```
V H V T L Q L T Y S N H L L H
S O K P T C B A H O B L A P X
I B L E R E U Q C E B I F S A
M A E L L Y K H I J S P R D A
O Y S L I L U C T R T A E S F
N Q P E L H O Z E M E U T S A
A I T S R O C G A B I L U C G
M B Z S M E W R G V N I A T E
D O O U C R T R U R B N O R E
E F E R M I N R P H E G A A L
I H E A N E Y T E T C T U Y R
R O O S E V E L T H K A N M Y
F U O K I P L I N G T U M I V
A N V H L S G N I D L O G U P
I F C D U U R E N T T V M P S
```

BECKETT	KELLOGG
BECQUEREL	KIPLING
BELLOW	MARTINSON
CAMUS	MOTHER TERESA
CANETTI	PAULING
CHURCHILL	PINTER
FERMI	ROOSEVELT
FRIEDMAN	RUSSELL
GOLDING	SIMON
HEANEY	STEINBECK

```
K K P G T A N G A N Y I K A B
I E B R Z E D N E M Y E E C B
N A A E T S R E A N F X P A P
A Z N A Y N A I R O T C I V R
G I K T I A R E E S T K C S B
I R H S X I S N C H A R A L U
H L E L H P S O O L L L R G H
C U A A R S H L O R A U R S T
I R D V D A O I K L U E Y U C
M L P E R C R O Q H A H L A X
X E U D C A T L V T P C T R Z
P E I O T F O J B G J F S V T
E N Y N S U P E R I O R R U N
G U O S N I A L P M A H C L T
G P L R S R I A L C T S I W P
```

ARAL   LURLEEN
BAIKAL   MENDEZ
BANKHEAD   MICHIGAN
CASPIAN SEA   ONTARIO
CHAMPLAIN   ST CLAIR
ERIE   SUPERIOR
GREAT BEAR   TANGANYIKA
GREAT SLAVE   THOLOCCO
HARDING   TUSCALOOSA
HURON   VICTORIA NYANZA

```
P T Y I S A E F R S A G X F S
E D A Z T I B E T A N N J P R
L U B N E S S E X P A I Z Y B
E R L O A V C M W P H J U A G
K O A A E I Y I U O S G U N B
G C I U R S R S W L I N L A O
E O A G R G E E S H E E A N R
Y L H B J Y E N B S M F C X G
L C T A E T K W O I Q O O O R
R L A T E L T N H T L S M O U
U P O L A N D C H I N A B D T
O D A P O W I D S R T A E K N
Y I H G O M D U A B G E C U A
X S R Q V J A E G S I T G I B
I R E T E D B G R C Y P W M A
```

BANTU
BAZNA
BRITISH LOP
CANTONESE
DUROC
ESSEX
FENGJING
GRICE
GUINEA HOG
IBERIAN

KELE
LACOMBE
LARGE WHITE
MEISHAN
MULEFOOT
POLAND CHINA
RED WATTLE
SADDLEBACK
TIBETAN
YANAN

```
T S M F A T D S Q V P A I I I
N A W R I N T E L M A H O E A
E H N I X D N A I F A U S T O
M T N N L W E A R R I D G U L
R E T A H L E L B R F A D L L
A B L U B A I M I O E G T F M
C C J A T U U A E O L B E C Y
A A S T U N C S M H J E D I J
R M M R R Q A C E T O U N G S
E L L I V E S F O R E B R A B
R V A L I T T A I U B L A M D
J L A F I S R A P S H S L L P
B O R I S G O D U N O V V S K
K S S I O L L E H T O C U A O
A I N N A V O I G N O D Z E V
```

ANNA BOLENA	HAMLET
ATTILA	LA BOHEME
BARBER OF SEVILLE	MACBETH
BORIS GODUNOV	MAGIC FLUTE
CARMEN	NABUCCO
COSI FAN TUTTE	OTHELLO
DON GIOVANNI	PARSIFAL
DON PASQUALE	SIEGFRIED
FAUST	TANNHAUSER
FIDELIO	WILLIAM TELL

```
F P H A N Y S E T S I Y C Y F
G H S I F D L O G S P P T L M
O L Y Y K Z T F R O O U O F R
L V Y S H P M Y N A U W R L R
C A E O D R P D K O E O A E W
P E Y G Q W W I R R G R S S S
Q C R T E E A C S S V A Q M H
T H T A E T S T A A S Z R A Z
P O N D S K A T E R I F O D Q
N O P P T F T T S R P L H S R
W Q F O U N T A I N L R W Q K
A P A L F U A S R O A I Y P F
P D Q E M S T C E S N I L S Z
S S T S T J U N E W T S G Y O
B L C G T S X S S R S E L Q R
```

CARP	NEWTS
DAMSELFLY	NYMPHS
DRAGONFLY	PLANTS
FLOWERS	POND SKATER
FOUNTAIN	PONDWEED
FROGS	SPAWN
GOLDFISH	TADPOLES
INSECTS	TOADS
IRIS	VEGETATION
LARVAE	WATER LILY

```
D N P C U J R U H F T E T Y K
G U U L K U L I N O G S H Y H
A T A E J L V R W D F W Z Q Y
R R L B C X E S E L U R L P A
M P V W M N I A T P A C W I P
P D D H V T A A R R E S T F L
N R L A I A J R E C A E Z R T
A S O G Z O N P A L S U K T F
I K H U S B A N D E I R T I Q
G T U B D C M N D A L M N R O
S R N U M B E R R N S C I P A
I M T A L A R M E I H Y U T E
E N I T L K Q P S N G Z H X I
T A N C V P I R S G A I N B H
V I G S E K P F H S J C I L T
```

ADDRESS	HUNTING
ALARM	HUSBAND
ARREST	KEEPER
BOAT	LIMIT
CAPTAIN	MICE
CLEANING	NAME
CLEARANCE	NUMBER
EDGE	PLANT
FINCH	PROUD
HOLD	RULES

```
V T P O L R O T S S U I V P X
L G B D T T G V J I L E L Y R
P P B B I O A Z D R G K O O A
I O E E S S A X I A N A R Z C
U W L L T N Y Q A L U A H S R
R Z P L I E I E D O Y S P E U
S T C A U A L L E P A C G J X
R I H T A X T G M A E U U C Z
N B R R P K S B E W L S L H P
C A M I R R O P D U P C A U M
R H I X D D O P S T S H P L A
K T A H Y E L C S K R E Y L L
O M I R A C H S Y P R A N R S
F H A M A L Y S O O F T S O Y
A A C P L S L K O J N S P S U
```

ACRUX	PORRIMA
BELLATRIX	PROCYON
BETELGEUSE	RANA
CAPELLA	REGULUS
CHARA	SCHEAT
DIADEM	SHAULA
HAMAL	SHEDIR
MIRACH	THABIT
POLARIS	VEGA
POLLUX	ZANIAH

79

```
Q A Y E L L A V H T A E D C R
A P S F A M H A L E A K A L A
R I Y S I I D C I P M Y L O D
P S N E E R T A U H S O J D S
B C M D L T O S E Y E M A H E
R A E A E L S C O M I G E Q D
Y T S C M P A W A C E N O C A
C A A S E M E V I C A K R U L
E W V A K U O N K N A N A P G
C A E C I R S T D U D M A L R
A Y R H F J A O H E B C U G E
N K D T Q D A P R C N O A T V
Y D E R U H R A A Q A C K V E
O D V O Y A G E U R S V E B E
N O Y N A C D N A R G C E P I
```

ANACOSTIA	MAMMOTH CAVE
BRYCE CANYON	MESA VERDE
DEATH VALLEY	NORTH CASCADES
EVERGLADES	OLYMPIC
GRAND CANYON	PARKS
HALEAKALA	PISCATAWAY
INDEPENDENCE	SHENANDOAH
JOSHUA TREE	TUMACACORI
KOBUK VALLEY	VOYAGEURS
LAKE MEAD	WIND CAVE

```
R Q A L G O N L K R I Z N A Z
U E S L C O O L S E A S O N N
R E U C S E F L L A T A S S R
R E V L I S E S E N A P A J N
O U E C B B K R B U U M E I O
S C S D E L L L H U P A S E T
T S S K S N A U Z C F P M U Q
S E A S S T M E T T F R S P
R F P R A L S I R O Y I A R O
V E C R G R H A P E A Z W L Z
P N I U A E G O R E H T S S O
S I T Y T C U T Z G D T B L Y
I F Y R T B O L N Y E E S O S
C N H I A N R C B E A Y E U I
B A H I A D U M R E B E R Q A
```

BAHIA

BENTGRASS

BERMUDA

BLUE OAT

BLUEGRASS

BUFFALO

CARPET

CENTIPEDE

COOL-SEASON

FINE FESCUE

JAPANESE SILVER

PAMPAS

REEDS

ROUGH STALK

RYEGRASS

SWITCH

TALL FESCUE

THERMAL BLUE

WARM-SEASON

ZOYSIA

```
F H O L H C R A F E M A B S N
T H R R T A E R T U I U W R H
L A P S Q I C P S V A B I S C
A U I W Z M I P A L M V B I T
H N H C Z E L L E B A N N A A
T O A A I E A X G A M Z L I A
A S H P Q L I Z I T X E S S A
G I S R P S A J M E S L T A K
A L E I O M Y Q X S E L Z T S
M A L L E B A R A Y L V T S I
A L A R H H A N N A L A E A R
N M I T E D D E B P B T A N A
D C L P E R E N N E I R D A M
A L Y L A B I G A I L J L G R
D U E S P U R Q K X D T T U B
```

ABBIE	ALEXIS
ABIGAIL	ALICE
ADELE	ALICIA
ADRIENNE	ALISON
AGATHA	AMANDA
AIMEE	AMERICA
AISLEYNE	ANASTASIA
ALANNAH	ANNABELLE
ALESHA	APRIL
ALESSANDRA	ARABELLA

```
I  K  V  E  S  S  Y  L  L  A  U  Q  E  F  V
T  B  I  T  A  N  X  I  O  U  S  L  Y  W  J
S  M  A  T  A  S  S  E  E  K  E  R  L  D  A
U  H  U  D  O  Y  I  Q  N  G  S  Q  X  R  G
F  L  A  Y  L  M  L  L  A  C  T  W  A  X  M
R  O  L  R  L  Y  O  N  Y  P  T  F  H  U  L
E  O  M  D  P  L  T  R  M  S  T  D  U  S  Z
T  A  O  Y  L  L  U  F  R  E  W  O  P  N  L
B  G  S  L  Y  U  Y  F  R  O  L  H  M  C  O
A  T  T  D  W  F  C  W  H  A  W  O  H  L  O
O  I  O  N  I  E  A  S  M  T  P  G  S  E  S
R  E  S  O  L  R  L  J  A  P  U  I  A  A  E
X  U  R  F  D  A  M  W  S  D  B  R  D  R  L
S  M  A  S  L  C  L  B  R  I  G  H  T  L  Y
Y  Q  W  G  Y  N  Y  O  T  R  K  U  G  Y  Y
```

AFTERWARDS	EQUALLY
ALMOST	FONDLY
ANXIOUSLY	LOOSELY
BADLY	POWERFULLY
BRIGHTLY	RAPIDLY
CALMLY	SHARPLY
CAREFULLY	SOLEMNLY
CLEARLY	TOMORROW
EASILY	TRUTHFULLY
ELEGANTLY	WILDLY

```
J Y E D P V A U P E A H X Z C
R R I D I N G U X N P V J J K
N I E R I G H T R O U N D U E
T S O G L A M O R O U S O T I
V H W E G D I R B N O D N O L
I V G D K I S S K I S S T Y T
P E W I N R D R U N I T M U N
P B C I R E L D R O M R A A O
G P A A R T I R L A K O T L D
T R R D F A I R Y O O N T L S
I K I P D R T Y F H G G E E P
U V E L B A E C A L P E R R I
R A X M L H Y K L S R R U B H
R J E Q M Z P T O Z R I N M J
Q C A N D Y S H O P W E G U S
```

BAD DAY

CANDY SHOP

DON'T MATTER

GIRLFRIEND

GLAMOROUS

GOLD DIGGER

GRILLZ

HEY YA!

HIPS DON'T LIE

IRREPLACEABLE

KISS KISS

LONDON BRIDGE

NO ONE

POKER FACE

RIDING

RIGHT ROUND

RUN IT!

SAY IT RIGHT

STRONGER

UMBRELLA

```
Z L H A B E D E P M I R A T Z
T X T P E T I M E L E H T R U
L I S A N E T I B O C A J S X
J G I H E O F A S A U D S I T
I B P S D R R S B G L P A K A
C N P J I L C B U F E N L W J
H P A A C A O S E L N A E E E
P R R C T T T A R I I S N N
A C T O I I E G I R T L I I K
A C A B N N I M F O S I A T G
W L J I E A I Z O I E S N A X
K I A N N O S M C R L A A E I
S N F Q C U U C O P E B E H T
L F R J Y C L I F D C J R T P
I S T O Z C L C U L D E E L D
```

ABBOT	JACOBIN
AUGUSTINIAN	JACOBITE
BASILIAN	JEROME
BEDE	NORBERTINE
BENEDICTINE	PELAGIAN
CELESTINE	PRIOR
CLUNIAC	SALESIAN
CULDEE	THEATINE
DOMINICAN	THELEMITE
FRIAR	TRAPPIST

```
X C U B S E V A R B Q S R C S
A Z I M A R L I N S E A A T E
N R D P C P E U N E D U N Y R
I A O I H A I G O D U X A U R
L S T S A B R S I A I N R Q P
M L C E T M L D R T K A A J E
L A C L V W O U I E R I N A S
C Y R O R H A N E N W I G S Q
P O O I G I R S D J A E E Y K
Z R C R N T L M T B A L R L U
P S K O D E V I L R A Y S B L
V U I W Q S R R S U O C S C I
U R E D S O X S S L I S K U M
D G S E D X U D O D G E R S V
T A I N R E R U P B Y R G D G
```

ASTROS   MARINERS
BLUE JAYS   MARLINS
BRAVES   ORIOLES
BREWERS   RANGERS
CARDINALS   RED SOX
CUBS   ROCKIES
DEVIL RAYS   ROYALS
DIAMOND BACKS   TIGERS
DODGERS   WHITE SOX
INDIANS   YANKEES

```
H W S M L S F S O W T K V S L
C U M R X E Q D A T S G T R S
R Q G I I S N S X S I L T Q O
S Z D N O C E S F E I H C G S
G O T R J V R C L I N C H E R
P N E R A B B I T P U N C H I
A R I A B K W M R A A U U S P
W R O N S K N E C E V P S B G
J T J M R L U O A A D R R Q N
H S U X O A V L C V U E X Z I
B Z F O O T W O R K I T E V X
R D P J B R E A K T O N I L O
H O O K T U C R E P P U G O B
X W W M I E S S R O N O T L N
Q N O I T A N I B M O C K H M
```

BLEEDER
BOUT
BOXING
BREAK
CAUTION
CHIEF SECOND
CLINCH
COMBINATION
COUNTERPUNCH
DOWN

FEINT
FOOTWORK
HOOK
JABS
KNOCK OUT
PROMOTER
RABBIT PUNCH
UPPERCUT
WARNING
WEAVING

```
S G A N R E V A T B F A A A Z
I L E D E R O P A E U U O E P
L C E I F H A I R O T T A R T
T A S N O O C B E J S O H B U
X F E I R S O T Y U R M T C Z
S E I N N E F D I R S A O O H
F T R G S I F A C K I T O N B
A E E C B L E E T U P A B C H
T R S A P I E V C Y R U D E Q
I I S R K Q S A I T L T O S T
X A A I S H H T T R O T O S A
S S R Z Y B O W R E D R F I I
R Q B L Z T P U E O R L Y O T
M T N A R U A T S E R Y P N G
R R O A D H O U S E G K M T F
```

AUTOMAT	EATERY
BISTRO	FOOD BOOTH
BRASSERIE	FOOD CURT
CAFETERIA	REFECTORY
COFFEE SHOP	RESTAURANT
CONCESSION	ROADHOUSE
DAIRY BAR	SOUP KITCHEN
DELI	STEAKHOUSE
DINING CAR	TAVERNA
DRIVE-IN	TRATTORIA

```
C C A V W Y E P C N A R S P E
E T A A B Y E U P R H K H S A
E P S Y K G M L A O Y U S G G
A Q L I E I E U S C H Y B E U
G R E P N N R C A R A W A Y M
X O R S S G N P I E A B S Z Z
A S E O R E I E A P G P I R D
E E L X W R V T P P S M L N O
D M G X M R M A K E R L F O M
T A Y A U O O O E P P E L G S
L R J H S O I O I L N P F A Z
W Y R P T T L L T N Y O E R G
M L P F A N I S E S T A R R T
F L R S R U H L X M H L B A V
P S C S D T C I R E M R U T E
```

ALLSPICE	GINGER ROOT
ANISE STAR	MUSTARD
ARROWROOT	PAPRIKA
BASIL	PARSLEY
BAY LEAVES	PEPPERCORN
CARAWAY	ROSEMARY
CAYENNE PEPPER	SAGE
CHILI	TARRAGON
CUMIN SEED	THYME
FENNEL	TURMERIC

```
A R A V B R S L I L R G J B E
R D I I O O I B D I U Z Y R T
O Q W A V E D U E T L R O A S
U A O S T I E Z R E I M F I D
T Q J F B C B Z E L H R R D I
Q D V T M G A C H G M I T E J
T U C R E D N U T N U M V D P
S C C C P I G T A I L S R E V
A K C O M B O V E R L A R R R
C T D R R Q U I F F E R R E X
J A F R O N J S R T T S S Y B
B I Q S A P R J K H I E Y A W
B L A K W A H O M Z A M N L T
W R E S K J Q W W Z S G S U X
E O W V A A S R N S S Z O Z A
```

AFRO	LAYERED
BANGS	MOHAWK
BEEHIVE	MULLET
BRAIDED	PERM
BUZZ CUT	PIGTAILS
COMB-OVER	QUIFF
CORNROWS	RINGLET
CROP	SIDEBANG
DUCKTAIL	UNDERCUT
FEATHERED	WAVED

```
Y T S E H C H M C I R J J M E
I A V B R L Y A D U I O I A B
M B W C U U T B R M T L S L R
A I C A T C S H H B V L L O N
O L O P T T C A N B O Y A T V
N L M T W S W A E N T R N S X
L Y P A T K A W N R U O D I S
L B A I I A J C E E T G T P E
N O S N E V E T S P E E N G H
E N S F S U T R F S D R A E C
R E V L I S N H O J G N O L B
Q S H I P M A T E A L F I P F
F G U N P O W D E R E M Y L P
R B T T E L L O M S G T Y G B
S R L Y R N Q M U B I H T B Z
```

BEN GUNN
BILLY BONES
BLIND PEW
BUCCANEER
CAPTAIN FLINT
CASTAWAY
CHEST
COMPASS
CUTLASS
GUNPOWDER

HARBOR
ISLAND
JIM HAWKINS
JOLLY ROGER
LONG JOHN SILVER
PISTOL
SHIPMATE
SMOLLETT
STEVENSON
TREASURE

```
A D P X Y U Q R Q L R S V A L
T U H L T V I A A E U M S R E
E A R K D L T T K L S B G I A
W L O O T A S I U P K T R A H
A I W L P F R H O X K T E T I
S F O M N O U C L I A Q C X R
A X C R I R K I H L E J Z N T
A T H O A G F A R E H S U R C
J M A Y W E A T H E R M O R T
F U K D C H U P R N B I G Y X
W T O Z K F P H L E E O A P L
Q A T X I A R L R T S O T Q Y
S J A G R T V O K E H C P E G
B T Y I K S N X W R O D I H G
K N S E V E N O F N I N E S I
```

ARCHER
CHAKOTAY
CHEKOV
CRUSHER
DATA
KIRK
LA FORGE
MAYWEATHER
NEELIX
NUMBER ONE

PARIS
PHLOX
RIKER
SATO
SEVEN OF NINE
SPOCK
SULU
TROI
UHURA
WORF

```
S E O H S G N I N N U R N K A
A R U O S E U O I W E L K A S
N S E G D E W R T R S V M R H
D S D K U S O Z R R S K D O Y
A O E N C L I H E Y I A B B T
L Z U P C I S P S T Q N E R E
S C S G N S P N T F A H C A F
E A C R N I E E N I L N L P A
L S A T L A N K L E B O O T S
U U R S K H D B I K T O G P U
M A G E E R O J A P N T S U L
U L R E F O P X Q L S I A M S
M S L M T A O T A L L I W P U
N S U S S M O K J M Z E Z S S
R T O S O W O L X X R I T P V
```

ANKLE BOOTS
BALLET
CASUAL
CLOGS
GOLF SHOES
HOBNAIL BOOTS
KITTEN HEELS
LOAFERS
MULES
PATTEN

PUMPS
RUNNING SHOES
SAFETY
SANDALS
SLIPPERS
SNEAKERS
SPIKES
SUEDE
WEDGES
WINKLEPICKERS

```
F A T R S A M U R A I H S A H
U S T Q C Q B Y R R O T Z N E
T X L I I R R C E S L X L U Q
O O E E F T O D P S R A R R W
S R E W O R D S Q U A R E I X
H D H I O A E J S R Z B L K J
I O W F L R I T A W U Z A A P
K T D D I G D K T S O K L B E
I T R T S L R P P E U R I E R
S O O A R Q L U Y R L U D Y O
W D W M E J Z O O R T Y A L J
W O N A B Z R E M H A N J I E
H T X Z L C E T R I S M X I O
L A T E R A L T H I N K I N G
W E H A R M A R G O N O N D U
```

ABC PUZZLE	LETTER FIT
CROSSWORD	MAZE
DOT TO DOT	NONOGRAM
FILLOMINO	NURIKABE
FUTOSHIKI	REBUS PUZZLE
HANJIE	SAMURAI
HASHI	WORD PYRAMID
JIGSAW	WORD SQUARE
KAKURO	WORDLADDER
LATERAL THINKING	WORDWHEEL

93. Natural Disasters

```
J F C F R E R I F D L I W C E
A A D L G N I N T H G I L Y E
I M L H E A T W A V E P P C T
Z I A L D C M M O D R S S L H
S N H R I I E R R L I A D O G
T E S E L R W H O O F U I N U
R S H T S R A D T T T D K E O
A I U C D U O S D W S S U J R
H S O N N H Y L V I E D E M D
A Z T S A A C O N S R N N C R
L G T E L M L O J T O E S A I
Y X U G R C I A L E F D S A S
C P W L A O T L V R K P H M P
F L J N B L I Z Z A R D T C S
H L O S L L O D A N R O T U A
```

ASTEROID   LAHAR
AVALANCHE   LANDSLIDE
BLIZZARD   LIGHTNING
CYCLONE   MUDFLOW
DROUGHT   SANDSTORM
FAMINE   TORNADO
FOREST FIRE   TSUNAMI
HEAT WAVE   TWISTER
HURRICANE   VOLCANO
ICE STORM   WILDFIRE

```
R N R U C I M A R E C I G A L
F L S E A E M F C A C L Y E R
A S R F H I I A N O P R C R T
M R S M R G B D L H M T E A K
C B T R U I L O O W A D L W K
L C O R N E R T A B L E B R C
O R I E S S O L L O E S A E A
S N T T C F L E H I U A T N R
E E A H R H L N P I Q V G N T
T N E A A I N C I O D N I O
D M M N M K I Y G L R L I D P
E E G P P P X R U A A O N B R
R E P A P L L A W T B G I A S
R D N A T S L E W O T R D V E
N R A O S P A I N T B R U S H
```

BAROQUE LAMP	GOLD VASE
CABINET	MIRROR
CANDLE STAND	NAPKIN HOLDER
CERAMIC URN	PAINT BRUSH
CLOSET	PHOTO FRAME
COLOR SCHEME	POT RACK
CORNER TABLE	TABLE LAMP
DINING TABLE	TOWEL STAND
DINNERWARE	WALL HANGER
FIGURINE	WALLPAPER

```
L  R  S  C  O  D  N  U  O  G  P  T  E  L  Q
Z  M  U  E  C  N  E  L  U  B  R  U  T  X  S
H  T  S  L  C  C  S  G  Y  N  T  A  S  T  E
M  O  D  T  T  A  I  R  P  L  A  N  E  S  V
P  S  T  N  R  R  P  B  R  U  J  O  R  U  A
G  A  E  A  I  A  A  S  T  V  X  R  E  N  W
V  L  B  T  I  W  T  V  R  R  S  T  V  R  Y
A  T  I  S  O  R  R  O  I  E  E  S  E  I  B
C  E  T  D  G  P  B  A  S  O  T  A  I  S  S
U  K  T  H  E  R  M  A  L  P  L  U  M  E  S
U  C  I  O  U  R  A  N  L  O  H  E  O  T  O
M  O  O  N  T  R  A  V  E  L  S  E  T  U  R
D  R  N  S  I  A  A  J  I  P  O  Z  R  S  O
E  S  A  V  A  Q  U  I  E  T  A  O  Y  E  T
A  B  Y  L  I  E  C  M  S  W  Y  L  N  R  C
```

AIRPLANE	ROCKET
ASTRONAUT	ROSSBY WAVES
EVEREST	SOLAR WIND
GLIDER	STRATOSPHERE
GRAVITY	SUNRISE
HOT AIR BALLOON	THERMAL PLUMES
MOON TRAVEL	TIBET
NEPAL	TURBULENCE
OUTER SPACE	ULTRAVIOLET
QUIET	VACUUM

96. Careers

```
O U R E N S U A T R P R X I S
O Y E K C O J C S I D A F B W
O B N X S P A C I E S R U N Y
R C G I Y N Y O M T O E L G L
E J I C S R S U E R P P K I K
M U S I C I A N H R D O B L R
R D E O X C S T C T O R U W L
A G D R T I Z A E X A T S V J
F E W U E T Z N S R A E C E X
Y Z A L T C E T I H C R A O A
R R L O S V N A M T T E N A D
Y I G L I O N A C H O R S A K
X E R M T W M A D H R L J I A
J P G L R S L A W Y E R I L H
V R J N A L A A E P M R C P E
```

ACCOUNTANT   FARMER
ACTOR   JUDGE
ACTUARY   LAWYER
ARCHITECT   LIBRARIAN
ARTIST   MUSICIAN
CHEMIST   NURSE
DANCER   PILOT
DESIGNER   REPORTER
DISC JOCKEY   SECRETARY
DOCTOR   TEACHER

98

```
B  I  L  S  R  M  D  I  G  N  I  T  I  O  N
O  F  L  Y  S  K  A  E  N  O  B  K  C  A  B
R  B  E  T  D  E  N  A  C  I  A  M  A  J  A
R  U  T  S  S  E  L  D  E  E  N  C  A  S  T
S  N  M  A  W  T  H  E  L  S  M  S  B  I  M
Y  O  P  B  I  A  O  C  P  N  P  B  S  B  S
F  T  F  B  L  N  R  O  N  O  T  R  E  L  D
S  T  K  T  R  I  E  R  L  E  H  S  N  R  E
C  U  H  E  W  G  N  D  A  S  U  S  T  A  R
M  B  L  K  E  A  F  G  B  N  H  Q  L  S  E
G  N  Y  S  Z  P  R  U  S  H  T  E  Y  I  T
T  U  E  H  D  J  S  E  K  I  L  Y  D  A  L
N  D  E  Z  I  S  P  A  C  A  P  Y  B  R  I
E  A  L  D  P  S  S  K  K  P  M  A  V  I  F
S  O  S  S  E  N  I  R  E  E  T  C  E  O  B
```

ABSENTLY	LADYLIKE
BACKBONE	NEEDLESS
CAPSIZED	OBTAINED
DECEMBER	PAGINATE
EERINESS	QUENCHED
FILTERED	RUMBLING
HOPELESS	SOFTWARE
IGNITION	TOOLSHED
JAMAICAN	UNBUTTON
KEEPSAKE	WARRANTY

```
L  T  C  A  T  E  I  T  E  H  O  Z  V  U  O
G  N  M  A  C  M  O  T  O  R  C  A  R  S  I
G  A  O  I  R  O  Y  S  G  L  N  U  F  I  U
B  L  T  G  N  A  N  S  A  L  K  T  E  W  S
F  R  O  T  A  I  V  V  B  O  C  O  E  P  N
L  A  R  A  A  W  V  A  E  R  U  M  B  L  V
W  C  B  G  A  Q  N  A  N  R  R  O  E  D  A
R  C  I  R  T  F  S  O  N  Y  T  B  P  A  D
D  I  K  E  L  C  Y  C  I  B  E  I  Y  K  S
U  R  E  R  O  D  T  N  W  T  G  L  B  T  I
G  T  O  O  E  E  A  E  V  R  A  E  O  L  D
M  C  T  A  N  D  E  M  T  G  B  T  H  X  E
R  E  P  E  E  W  S  T  E  E  R  T  S  M  C
R  L  R  S  R  D  U  S  T  C  A  R  T  T  A
S  E  P  U  O  C  Q  U  J  L  G  I  R  T  R
```

AUTOMOBILE

BICYCLE

CARAVAN

CONVERTIBLE

COUPE

DUSTCART

ELECTRIC CAR

FLOAT

GARBAGE TRUCK

LORRY

MINI-VAN

MOTOR CAR

MOTORBIKE

SCOOTER

SEDAN

SIDECAR

STATION WAGON

STREET SWEEPER

TANDEM

WINNEBAGO

```
F A L S T A F F R P L W R A T
S B F A S C I N A T I O N G R
E A F D V S R E D N A X E L A
C A L B A P I F U F G E L O I
R H N B T B E M E R T T I R H
I K A I E T U A H R A Y M I E
S N E N R R M P R S P R S A R
T G S W E E T J U L I E T N I
A U B W R L L I M S D L H A T
T R U M T A L L N I M R G A A
A A A S S A M E A E L A I N G
N I B S A S B B Z B O O R F E
D S G N I S S E L B B S B T T
A P I H S W O L L E F R V S Y
X S A T T B I G P U R P L E E
```

ALBA
ALBERTINE
ALEXANDER
BALLERINA
BIG PURPLE
BLESSINGS
BRIGHT SMILE
CHANELLE
CRISTATA
ENGLISH MISS

FALSTAFF
FASCINATION
FELLOWSHIP
GLORIANA
HERITAGE
KEW RAMBLER
MERMAID
PEARL DRIFT
SMARTY
SWEET JULIET

100. Art Movements

```
C Y M S I R U P D Q V K A I S
M O A S T C A R T S B A U I O
R A N T I R E A L I S M A T O
M L M S I L A R U L P S E L S
S S A S T R A K A F S I Q G S
I B I U I R B E L A O V K O D
N A I L T B U A R O D U U R A
R R I A A P U C U R F A T P F
E O A O L M E C T H U F D H F
D Q T S Y Y I C S I A S Y I E
O U M S I O E N N E V U T S Q
M E X P R E S S I O N I S M H
P M A N N E R I S M C D S I O
U T M S I N O I S S E R P M I
Z M J W S D R Q T F H N F O S
```

ABSTRACT
ANTIREALISM
BAROQUE
BAUHAUS
CONCEPTUAL
CONSTRUCTIVISM
CUBISM
DADA
EXPRESSIONISM
FAUVISM

FOLK ART
IMPRESSIONISM
MANNERISM
MINIMALISM
MODERNISM
NEOISM
ORPHISM
PLURALISM
PURISM
SURREALISM

```
N I L T A G N I T S U J R G P
F E E J E S O R H P L A R A G
N P R F H E S I Q Y O O S W S
K R I S T I N O T T O T E V R
D O C W D H H P L C E N E O S
A H H W U Q O I A V T N G T I
L T E J B S J R E O F E E N W
F N I Y O I L R R I R V C O E
R A D T E O E R S B E R F D L
E I E I S D A C L L Z Y N L L
D D N B G N H A E H L S R O R
L O U R C E C W V I B O I B A
A R A E R K I G N S Q Y R O C
N V T T I S M A R K S P I T Z
E L R R E S A R F N W A D A G
```

ALFRED LANE
ATO BOLDON
CARL LEWIS
CARL OSBURN
DAWN FRASER
ERIC HEIDEN
GWEN TORRANCE
HU JIA
IAN THORPE
JUSTIN GATLIN

KRISTIN OTTO
LI JIE
LI NA
MARK SPITZ
MICHAEL JOHNSON
RALPH ROSE
ROGER BLACK
STEVE LEWIS
STEVE REDGRAVE
SVEN FISCHER

```
X E I Y F O L H T Z L A I G C
C L G E C O L O G Y S E T O L
T G E N A N Z V S D G N N V Z
S A E C A Q E T N R S S M O G
K S L O A H U I E D E W E L M
L O B A T A C E C R M L B T N
U L A L O H N E V I U E I P A
A I W A D P E A T R F U R A E
F N E S O A T R U A A F P X L
K E N W L I M S M U M L E O C
A D E F O R E S T A T I O N Y
A R R N S Y S E U T L S L S C
I B G A T U R B I N E S R C E
L V Y I R S W I N D P O W E R
R O L T I P P U E C G F P J A
```

CLEAN	FUMES
CLIMATE CHANGE	GASOLINE
COAL	GEOTHERMAL
CONSERVATION	GREEN POWER
DAMS	RECYCLE
DEFORESTATION	RENEWABLE
ECOLOGY	SMOG
EFFICIENCY	SOLAR
ENERGY	TURBINES
FOSSIL FUEL	WIND POWER

```
L E S U E B S D A F S T U J I
U O M S T H S E R C Z R A S P
N F O S R Q D S L I C N E P X
C A I S E D H K L I A M E L K
H A C L I N R O C A P I M A B
T P L K I E O A L L N M O N A
I B V C X N S H O E O E O N Z
M I T T U H G Y P B P W R I A
E N E A I L E C N E E U G N E
D D N E I E A I A O L T N G C
C E R E L P A T S B A E I C A
I R E C E P T I O N I S T H H
I O T C E E N I A R T N E A W
R C N P H O T O C O P I E R E
C L I E N T S O C A M P M T H
```

BINDER
CALCULATOR
CASHIER
CLIENTS
DESK
EMAIL
EMPLOYEE
FILING CABINET
HOLE PUNCH
INTERNET

LUNCH TIME
MEETING ROOM
PENCILS
PHOTOCOPIER
PLANNING CHART
RECEPTIONIST
STAPLER
TELEPHONES
TRAINEE
WHITEBOARD

```
B L S S S T E E R I N G S H C
D W W Q P S W E B D M R T O Z
F F E R A E T O I F I E U P A
W T E U T N K R W M K R N E P
A H P M R O T P O H I F T T N
L F E I A B Z T D E E S R R
E Z X E I R O C R L T E K O I
R O V K L C F Y I Y H K L L Z
P R I Z R I T L V T R A O E V
Q N E O I R E I E S O R A U D
G O S D D Y M N S E T B T M M
A S E S I J L D H E T C I R V
J A E P N R E E A R L S Q P K
S F O V G O H R F F E I V S N
B E I P P O T S T J B D P T I
```

BELT
COURIER
CYLINDERS
DIRT BIKING
DISC BRAKES
DRIVESHAFT
FREESTYLE
HELMET
MOTOCROSS
PETROLEUM

RIDER
STEEL FRAME
STEERING
STOPPIE
STUNTS
SWEEP
THROTTLE
TRAIL RIDING
TWO-WHEELED
WHEELIE

```
D D J L L A M M O N K A S C P
E E T U Z U B J E S X O O U R
S S T F B W F U O U Z N T I G
A S N H M I Q E V Y V C B N E
E E E T G T L U C I O A L Q P
L L T R R I J A V A E U I D T
P B N I A C L I N L E Z S D I
I L O M T K A E A T R P S Y G
J I C A I L P T D T A D F P K
X T L U F E E L G R A S U R P
E H I Z I D A R K O N W L I T
B E H P E P T L U F R E E H C
C N Q T D I I E B U Z E U C I
Q S G B T N A T L U X E C V S
X D A L G K S Z A R T S A I H
```

BLESSED
BLISSFUL
BLITHE
CHEERFUL
CHIRPY
CONTENT
CONVIVIAL
DELIGHTED
ELATED
EXULTANT

GLAD
GLEEFUL
GRATIFIED
JOYOUS
JUBILANT
MIRTHFUL
PEACEFUL
PLEASED
SPARKLING
TICKLED PINK

```
X  C  Z  V  A  P  R  G  N  A  W  Z  G  U  Z
Y  C  H  F  G  N  I  K  S  P  F  I  L  E  S
P  R  H  E  R  R  G  Q  A  C  B  L  N  T  T
H  O  R  E  S  A  A  W  S  Q  L  P  T  A  T
H  O  P  L  C  S  N  N  E  N  A  S  K  M  N
S  K  O  E  B  K  B  K  D  S  C  F  N  E  O
H  I  H  A  N  L  M  O  S  M  K  K  I  L  I
T  L  S  S  T  I  I  A  A  Q  A  X  G  A  T
P  C  I  T  X  N  N  T  T  R  N  S  H  T  O
N  N  B  H  L  T  E  G  Z  E  D  I  T  S  M
D  E  X  R  P  Y  E  I  S  C  W  G  H  E  O
F  J  J  R  P  I  U  E  H  R  H  E  A  S  R
M  Z  R  T  T  Q  G  X  S  I  E  K  M  P
A  I  A  M  I  X  V  R  E  T  T  A  S  P  E
H  E  A  Z  A  R  F  I  P  I  E  C  E  S  D
```

BISHOP	KNIGHT
BLACK AND WHITE	OPENINGS
BLITZ CHESS	PAWN
BOARD GAME	PIECES
CHECKMATE	PROMOTION
CHESSBOARD	QUEEN
EN PASSANT	RANKS
FILES	ROOK
GRAND MASTER	STALEMATE
KING	ZUGZWANG

```
A S R P P R B H R S T Q F G F
I T H A T H O T H S T O E B U
E B A U Z R A B S Z S E R K P
N B A I U U G E A M J R Q S T
X A O S I R I S A A L K T Q G
S R Z S T Q S Q I T Q U D G I
D S J S N W I M Q H N I H D P
V K I Y E J S A I F T V A C Z
R Q R H M D L A E R B O S S A
E S P T A A E T Z S P E S S V
W L E H T O J E E I K E I X R
J Z H P N D L P X H A T H O R
D T S E O G A N M A K P S K W
A M E N H O T E P Q Y N U M A
W N R A C E T R Y S P P A O C
```

AMENHOTEP	NEPHTHYS
AMUN	OGDOAD
ANKHET	OSIRIS
BAST	RENPET
CHONTAMENTI	RESHEP
HATHOR	SEKHMET
HORUS	SOTHIS
ISIS	TEFNUT
KHEPRI	THOTH
MAAT	WADJWER

```
A T D A W D D Z X V F E I Q A
I P S L I S Q U P G S R E P S
V D U I S O U R T O D E Z S C
W E E S H C R S E T A V I R P
N P B A E G A P E R S O N A L
R T N O S T A L G I A E G L P
S N T R E P H W E E R E T D L
G E J F R S I O O N A O S O A
A R D T I O D R U D D T M S N
A O S W S Y R I A G D A T E S
W H F R E S O Y T T H E R C M
E B Y G D A C R G N I T I R W
R O L R Q J E E R R D O S E Z
X E I N F O R M A T I O N T E
F A C T S T N E M I T N E S A
```

ASPIRATIONS
CALENDAR
DATES
DESIRES
FACTS
IDEAS
INFORMATION
MEMORIES
NOSTALGIA
NOTES

PAGE A DAY
PERSONAL
PLANS
PRIVATE
RECORD
SECRETS
SENTIMENTS
THOUGHTS
WISHES
WRITING

```
M  I  M  O  S  A  V  U  Z  L  N  B  C  H  F
B  E  O  I  A  N  I  K  P  M  U  P  H  E  R
F  N  R  E  T  N  A  L  E  S  E  N  I  H  C
R  I  E  E  L  J  T  S  L  R  U  J  V  S  H
Y  B  G  E  Y  A  T  L  B  E  O  T  E  B  I
I  M  O  N  L  R  K  R  T  A  M  A  S  H  C
R  U  N  O  A  T  O  E  U  O  R  A  M  O  O
S  L  M  I  I  C  T  A  S  O  L  N  C  L  R
P  O  A  N  C  I  H  A  C  E  P  L  P  L  Y
F  C  P  O  A  E  R  K  W  V  N  D  A  Y  O
C  I  L  R  A  G  E  E  F  Y  A  I  K  H  E
L  I  E  W  A  T  E  R  B  I  R  C  H  O  S
F  Y  T  T  I  P  U  Y  S  Q  U  I  N  C  E
B  H  Z  T  T  P  Y  Y  L  Y  R  Q  W  K  F
P  I  S  M  U  S  F  I  K  H  F  A  T  Y  A
```

BROCCOLI	HOLLYHOCK
CAMELLIA	MIMOSA
CHICORY	ONION
CHINESE KALE	OREGON MAPLE
CHINESE LANTERN	PUMPKIN
CHIVES	QUINCE
COLUMBINE	SEA ROCKET
DAISY	SHALLOT
FEIJOA	WATER BIRCH
GARLIC	WIRY WATTLE

110. London Underground

```
W W E S T M I N S T E R X B Y
H T I M S R E M M A H K Q O T
U P S R A I R F K C A L B N T
L C U X T Z L N P F F S Y D Z
R C A N A R Y W H A R F E S W
P R E I A S W T X F Q D E T O
A A F N R E S A D Z W E L R O
D E G P T O U O T O S B I E L
D L T E E R T S R E K A B E R
I C F Z H O A C T C R R U T E
N D O S I T R L I O S L J Q K
G N V W U E D R L V N G O O A
T A S B V V C N V I O S N O B
O T E O A L S Y I K N A B I R
N S R P E R P R Z M Z E D O K
```

BAKER STREET
BAKERLOO
BANK
BLACKFRIARS
BOND STREET
CANARY WHARF
CENTRAL LINE
CIRCLE
EUSTON
HAMMERSMITH

JUBILEE
KING'S CROSS
MIND THE GAP
OVERCROWDED
PADDINGTON
STAND CLEAR
TUBES
VICTORIA
WATERLOO
WESTMINSTER

```
T M T S E E P A S T S R T A W
A F L H T G U U H E E J R S S
U S F S G N I H T E E S E I E
A P T O U I U X R N S T V Q E
B P T H E N L S X L A E O J O
L G H O G E O Y E R W Y E I U
A T G G L I S O A E L E E W T
S O I E U I L E S D I O S K D
Q E R I P O V E E U E T I R P
H H E T R L R E H T O E N Q P
Y S E E R E D H O T H Y S O U
X O S W T U O A T N E E E V W
S S E E D O U B L E E E D E T
Z T D L R O W E H T E E S A S
T J K L S R A T S E E S S D Y
```

SEE DAYLIGHT
SEE DOUBLE
SEE EYE TO EYE
SEE IT NOW
SEE NO EVIL
SEE OFF
SEE OUT
SEE OVER
SEE PAST
SEE RED

SEE RIGHT
SEE SAW
SEE STARS
SEE THE DAY
SEE THE LIGHT
SEE THE WORLD
SEE THINGS
SEE THROUGH
SEE TO IT
SEE YOU SOON

```
S N Z R P X M A A T D Y Y G Q
F E J T L E I A A G O U T I U
G T Z E L O V L R A R T A K Y
W L I B R E G N I M M E L R K
A R K E E B E P U K O G R I W
G F N A T Z O S C G U T L A G
A F U V S A Q A R I S T S J K
T R M E M U V O N T E A T O T
Y E P R A Y U E A A B R P P U
U T I S H N A R P R H K U I V
G Z H C D P S H R E W C F N F
D R C H I N C H I L L A S C A
N T O G T V U P Y O C L X L E
Y G C L L G E G W M U B C U A
V K Q A L R Z T J D R W R E Q
```

AGOUTI	GROUNDHOG
BEAVER	GUINEA PIG
BLACK RAT	HAMSTER
CAVY	JERBOA
CHINCHILLA	LEMMING
CHIPMUNK	MARMOT
CIVET	MOLE RAT
COYPU	MUSQUASH
DORMOUSE	SHREW
GERBIL	VOLE

```
C X Q L L F E V N R T S P O X
T A O Z L A A E T R E Z P S V
Z O L A K L K C R U S V E H B
S A L I N E V A L L E Y O A L
W L A O S S E N W I L B U R E
R U R B V T S R M R B L H B G
C M A I R A O P C E O R G I U
T R J O A I N G C T R L U N S
A O A J H S D A A T O C O B S
I C S I A E F G O M S H E T Q
L K S S A D C H E N A R K Y G
O P A B M U C A J P P N M E S
Y A T S A H S T N U O M L S A
E R U Z A Y D E E P C R E E K
Y K G I B U B T R J M E T P Y
```

ALUM ROCK PARK	JACUMBA
AZURE	KEOUGH
BRIDGEPORT	MANLEY
CALISTOGA	MERCEY
CHENA	MOUNT SHASTA
DEEP CREEK	PASO ROBLES
FALES	SALINE VALLEY
GROVER	TASSAJARA
HARBIN	TOLOVANA
HOT CREEK	WILBUR

```
A Y V E K U D O W N T O W N W
B U O R D P O N Y T I M E I S
A L C E R I F Y M T H G I L M
B R U V S N R T N U T A J L T
Y T H E L O C O M O T I O N H
L C G N M A L A T H K V X G E
O E P R R O U D C T E C Y S T
V P T O R N O N I M E L U L W
E S Y W H L T N E E G K P T I
D E Z O R W F D O P R I C Q S
I R E N I F O S S E H B D I T
S I T S M Y P A R T Y T O J T
H X M T E V L E V E U L B Y R
S D N I M S U O I C I P S U S
R U N A W A Y A D R E T S E Y
```

BABY LOVE

BLUE MOON

BLUE VELVET

DOWNTOWN

HE'S SO FINE

HELP!

IT'S MY PARTY

IT'S NOW OR NEVER

LIGHT MY FIRE

LOVE ME DO

PONY TIME

RESPECT

RUNAWAY

SOLDIER BOY

STUCK ON YOU

SUSPICIOUS MINDS

THE LOCO-MOTION

THE TWIST

TICKET TO RIDE

YESTERDAY

115. Substance And Matter

```
X U Z E L P N S L E P T O N A
T G E R S H O I A F H P P U F
P V U R O F T E K H Y O S U G
Q O J E N G O R L S S R I T S
P B G M O R R I G E I R N E B
E H E I I P P A Y T C S V P A
I O A D M H T S V Y S T A L R
P B F S R O L L A I N R R A Y
J W K X E T L Q A E T M I O O
A E Y O F O A E U I H O A R N
R T C F P N U T C A T K N S L
A W T A E A R L O U R R T S S
J X I I P O E S M M L K E Q K
D I M E N S I O N U X E E N E
F K A I N T E R A C T I O N I
```

ATOM   MASS
BARYON   MOLECULE
DIMENSION   NEUTRON
ELECTRON   PARTICLES
FERMION   PHASE
GRAVITON   PHOTON
INERTIA   PHYSICS
INTERACTION   PROTON
INVARIANT   QUARK
LEPTON   SPACE

```
T E G A L L I V E H T H R A I
E W L E K H T P Y A U E M A R
G B S L L I H D O O W T S E W
C R E L I A K O H R F X F S K
G O T I T V D S N A T N D I Y
S W A V D O S N O O R L P D J
M N Y L A A X R E O L A A O U
R I T L O F L S O L N U H N R
R N R E R U Z L G L G I L A D
K G O H O G T O A A Y R W U N
C K F C B L A V I S T A H M I
V T G T R O N A K I H C T E K
Q F A I R F I E L D R A Y A B
R S A M A N C H E S T E R A W
U H M M C L A R K S O N I H V
```

BAYARD	KETCHIKAN
BROWNING	LA VISTA
CARRBORO	MANCHESTER
CLARKSON	MITCHELLVILLE
DALLAS	PORTLAND
FAIRFIELD	SIDON
FORT YATES	TAYLORSVILLE
GLENDALE	THE VILLAGE
HARAHAN	WESTWOOD HILLS
HONOLULU	WINOOSKI

```
K B T T V V E Z S S O P D E T
C I I P U R B O N B O N S L E
I T R O C K C A N D Y S E W B
T Y R R E H C G I B C M G B R
S E C I L S E G N A R O A U E
N E P O L O Q W S R B K L B H
O F L R T S L T I S M I Z B S
M F F T D T N L T N C A T L E
A O I I T I O O I O G D U E Y
N T Z A M O P N R E J G J G E
N T Z N P P B I C Y S E U U S
I A I D E P C A E A R V I M L
C H E R S E C I L S N O M E L
T B S K Y B A R W O X D F B U
P K I T U Y K N U H C F Y L B
```

BIG CHERRY
BONBONS
BUBBLEGUM
BULL'S-EYES
CHEWING GUM
CHUNKY
CINNAMON STICK
COLA BOTTLES
COTTON CANDY
FIZZIES

GOBSTOPPERS
LEMON SLICES
LICORICE
LOLLIES
ORANGE SLICES
ROCK CANDY
SHERBET
SKY BAR
THIN MINTS
TOFFEE

```
V N Z U N L K N S Q E D P S I
N E Q S S Q E X P P S L A S O
R E N O A H L P R A E H T R E
S T E Y L L A G E S V V P T U
S S D E Z S A U N D E R S S I
I I S R S U C H G W R H A N K
M S L T A T A H O E N O V P X
B S S B R H Z C A V J F I O R
E E C G E E N U S N S G L X S
R U H H C R E I L B K W L F Q
G R U S N L M T E S B E E N I
T A L A E A H A O T I U R I S
L T T L P N B V N N S F T P Z
H N Z E S D X E N I T U O S W
U D L P A T X L L Z V O I R S
```

SALAHOV	SIMBERG
SAUNDERS	SOUTINE
SAVILLE	SOYER
SCHANKER	SPENCER
SCHNABEL	SPRENG
SCHULTZ	STEEN
SEGALL	STEINHARDT
SEURAT	STREETON
SEVERN	STUBBS
SILBERMAN	SUTHERLAND

```
R  U  B  I  X  F  C  M  T  X  Z  O  X  R  E
F  F  P  L  C  L  R  T  D  P  U  R  A  V  W
C  Q  N  A  A  O  W  E  G  R  R  L  Q  A  T
K  Z  S  C  U  O  G  I  S  I  A  I  Q  T  L
N  N  V  O  S  R  S  N  I  L  T  E  A  I  J
S  R  T  O  E  P  D  O  I  R  E  P  E  C  U
R  N  X  E  B  A  T  P  P  R  Y  U  I  A  E
S  M  I  H  T  P  A  M  A  E  T  H  I  N  G
C  A  U  T  B  A  V  Q  A  E  R  S  I  C  T
R  L  E  E  U  B  O  R  N  S  E  S  O  O  I
X  A  A  T  R  Y  D  A  L  S  T  R  O  U  Q
B  R  E  S  A  T  N  A  E  G  R  E  S  N  I
P  S  O  Z  S  T  I  U  R  F  A  D  R  C  S
A  E  U  Y  U  R  S  P  Z  W  U  R  G  I  V
H  I  O  G  S  E  B  M  E  R  Q  O  X  L  N
```

BORN	PERSON
CAUSE	QUARTER
CLASS	RATE
DEGREE	SERGEANT
FLOOR	STATE
FRUITS	STRING
LADY	TEAM
LIEUTENANT	THING
ORDER	VATICAN COUNCIL
PERIOD	YEAR

120. Types Of Tomato

```
R E H E W B R A N D Y W I N E E
I K K L U C K Y C R O S S B Q
G P Y R R E H C A N B R L R L
A V E B K M P E T S R E O D T
L L L R O A P H A E E P N M F
I J L A O D E N F U T A S N A
C T O L E V M T S E T I C S N
A Q W R I A K I S D E T C L I
N Q P N R A C V T F B B E T J
T H E Z R Q U T U E E G G E M
E Z A H E L P R U P E E B I G
S N R E K A M Y E N O M B L B
O S D N T M O M D I S I O U X
O D D I B V O A Y A T F O J T
I L O T L S J A S R T V Q H X
```

ALICANTE	MONEYMAKER
BEEFSTEAK	ON THE VINE
BETTER BOY	OROMA
BIG BEEF	PATIO
BRANDYWINE	PUCK
CHERRY	PURPLE HAZE
ELBE	RED PEAR
JULIET	SAN MARZANO
LEGEND	SIOUX
LUCKY CROSS	YELLOW PEAR

```
B U U S B A Y P A R K W A Y K
R P E C A L P K R A P N Y F R
O Y U Q G L L Y V E T T S E A
A R N P G E R E N J I P S G P
D R E S A E N N X R R T R F T
W E V Q W U S R O I D A A U N
A F A O E T A H N E N G M I A
Y H B P A P T G A D R G Q H Y
K T G T N U S N C U I W T E R
M U I D A T S E E K N A Y O B
R O Q T R T N W A L D O O W N
N S R E R T S A V E N U E N C
A O E E R A U Q S S E M I T Q
P T E A U N I O N S Q U A R E
S T L L A H Y T I C G P G J U
```

AVENUE N	LEXINGTON
AVENUE P	PARK PLACE
AVENUE U	PENN STATION
BAY PARKWAY	PORT AUTHORITY
BOWERY	SOUTH FERRY
BROADWAY	SPRING STREET
BRYANT PARK	TIMES SQUARE
CITY HALL	UNION SQUARE
DEAN STREET	WOODLAWN
GRAND CENTRAL	YANKEE STADIUM

```
I  T  E  K  C  I  R  C  H  S  U  B  W  U  L
S  P  R  G  F  I  L  O  A  R  A  E  L  F  J
E  H  R  E  Y  L  K  C  K  M  Y  D  L  G  R
T  B  T  A  E  T  I  M  R  E  T  B  W  U  A
I  E  U  O  Y  C  G  E  U  A  V  U  L  L  R
M  E  A  T  M  I  R  R  S  D  C  G  B  D  Z
U  T  G  I  T  T  N  I  H  O  I  D  H  L  S
Y  L  O  U  S  E  K  G  C  W  A  J  P  M  A
W  E  S  Q  E  N  R  K  M  K  I  P  O  Y  A
A  E  T  S  R  R  R  F  D  A  E  H  S  T  I
S  D  N  O  I  O  R  Q  L  T  N  T  U  B  K
P  S  A  M  A  H  U  X  A  Y  T  T  U  A  X
S  A  P  C  R  Y  X  I  R  D  F  R  I  B  E
Q  R  H  H  I  J  Q  H  N  I  B  T  P  S  A
J  P  T  E  K  C  I  R  C  D  L  E  I  F  O
```

ANTS	HORNET
BEDBUG	LOUSE
BEETLE	MEADOW KATYDID
BUSH CRICKET	MITES
BUTTERFLY	MOSQUITO
CICADA	MOTHS
COCKROACH	PRAYING MANTIS
FIELD CRICKET	TERMITE
FLEA	TREE CRICKET
FLIES	WASPS

```
R E Q P S A P Q V D W Z T M D
R A H A H R F T V T Y D E U A
E T F N Y O E X O C R I N E E
A H U C P D L V P T P T I R R
K Y S R O I I O I U I O R A F
S M G E T L N G C L T R C P N
A U X A H L L E E R U A O O R
L S P S A A D E A S I P D C O
I S A R L M I U T L T N N R Q
V Q U R A I O R S E A I E I Q
A D I E M R N T P J R U V N A
R Y Y T U C E X A N Y I T E H
Y A L O S A D N N E C T A R Y
J R T D L L A R A I W X S L P
R R V E R H P M Y L T S J T G
```

ADENOID	LYMPH
APOCRINE	NECTARY
COLLETERIAL	PANCREAS
DIGESTIVE	PAROTID
ENDOCRINE	PINEAL
EXOCRINE	PITUITARY
HOLOCRINE	SALIVARY
HYPOTHALAMUS	SUPRARENAL
LACRIMAL	SWEAT
LIVER	THYMUS

```
O K E S E A E A G L E A A B A
S S B E P P U R E W Y A S O J
V C P C U K R A E O L B Y T O
W U R R R L U P S N W C B N R
B L L E E H V T P R O D N O C
I H R T E Y A O A A Y U Q C H
P G O A U C Y R R B W F B L S
E J R R B R H S R I O K A A Z
B E Z Y N U E O O I N W L F N
R C T B L E Z R W W S A D X A
H X I I S R D Z H L O H E A G
E X B R K R D O A B S S A E I
R B A D T D H Y W R A O G W R
S K E S T R E L K L D G L S K
G I F R Q A F R N I L R E M I
```

BALD EAGLE
BARN OWL
BUZZARD
CONDOR
FALCON
GOSHAWK
HARRIS HAWK
HOBBY
HORNED OWL
KESTREL

MERLIN
OSPREY
RAPTORS
RED KITE
SCREECH OWL
SEA EAGLE
SECRETARY BIRD
SNOWY OWL
SPARROWHAWK
VULTURE

```
P P U S D P E R C E P T I V E
L D Z G R A M M A T I C A L Z
T S E V S A E E T N N B A O
S H T F O U E H A G B A S C B
D F L E I C S L F G D M D I T
R N O R I N A T C N E U I G M
D V B A N N I B A T O R R O F
D I S Y F E T T U I I T E L P
A G E T I P S E E L N Y C U T
C N R M N R G S N I A R T C S
R I V K E A T I L S B R L I S
V T A D E H T C A X E A Y D P
S T N R D S K N Y U O H J P A
R U T O G C T O V Z Z D L Q X
S C V O E S I C E R P C T S A
```

CLEAR   INTENSE
CONCISE   LOGICAL
CUTTING   LUCID
DEFINITE   OBSERVANT
DIRECTLY   PERCEPTIVE
EAGER   PRECISE
EXACT   SHARPEN
FINE EDGE   SUSTAIN
GRAMMATICAL   UNDERSTANDABLE
HARRY TRUMAN   VOCABULARY

126. At The Circus

```
G K W Y M A A O J C G O C W I
S U C R I C R R E L G G U J S
Q T C S R S O E T O U S D P E
N O L O V E R M E W T S N F N
L A B I N V E R E N D S P Q T
D A E T T T W O V D L T T E E
T E U P N S O F C X Y U O S R
T Z D G O A R R P R T N R P T
S E A T H R H E T D T T S S A
A P N U P T T P G I R M L T I
T A C S O I E H E I O A A I N
E R E L I H F R G L T N M V M
O T R X O O I D R I E O I A E
C R S K A T N F F R T J N S N
N N S J I U K C Q R X S A J T
```

ACROBAT
ANIMALS
CIRCUS
CLOWN
COMEDY
CONTORTIONIST
DANCERS
DRAMA
ELEPHANT
ENTERTAINMENT

JUGGLER
KNIFE THROWER
LAUGHTER
PERFORMER
STILTS
STUNTMAN
TENSION
TIGERS
TIGHTROPE
TRAPEZE

```
I  K  X  G  G  C  N  O  T  A  N  A  A  U  X
G  J  N  R  R  F  O  R  B  R  R  D  T  W  W
A  K  B  E  S  O  O  L  G  N  A  H  R  A  D
P  A  Y  K  I  O  O  S  K  I  C  Y  U  I  E
O  F  O  I  U  W  N  V  R  J  K  I  G  E  H
S  G  L  H  N  U  R  H  Y  L  O  L  R  F  C
M  K  C  A  B  R  E  T  R  A  U  Q  A  A  N
S  E  W  E  K  A  T  S  Z  V  T  R  T  P  E
U  A  G  K  D  Y  A  W  E  S  O  M  E  U  B
Y  O  T  A  T  O  P  H  C  U  O  C  E  O  S
S  R  A  T  B  W  C  P  T  A  T  H  N  Z  B
E  S  C  H  M  U  C  K  L  I  A  K  P  N  T
E  C  S  K  S  O  C  S  I  L  E  E  I  P  I
H  Q  P  H  I  L  B  K  T  R  Y  B  Y  C  B
C  P  Y  P  F  L  I  P  S  I  D  E  P  Y  H
```

AIRHEAD	FLIP SIDE
AWESOME	GROOVY
BENCHED	HANG LOOSE
BLOWN AWAY	HYPED
BONKERS	MEGABUCKS
CHEESY	QUARTERBACK
COUCH POTATO	RACK OUT
CUSHY	RUG RAT
FAR OUT	SCHMUCK
FLAKY	TAKE A HIKE

```
I D E M O C R A C Y F I X R O
A Y H C R A N I B H V J Z M R
A R G Y P N A N S C V A E J O
T N I R L G Z A H R W R T A I
E H D S U E F I U A I S R D E
T Y E R T L R T T T T R I U L
R Y H O O N X O P A O A A R
A C V C C C C A Y C R R R R
C A A R R R R K R N S C C F
H R A O A A A A C O Q H H I
Y C I S C C T C C I R Y Y Y
Y O J Y Y Y Y P Y Y Y A S C T
T H L W W R A N E O C R A C Y
U D J M O N A R C H Y A A O X
I A N A R C H Y R I S L Q S F
```

ADHOCRACY	DUARCHY
ANARCHY	HEPTARCHY
ANDROCRACY	IDIOCRACY
ANGELOCRACY	MERITOCRACY
ARISTOCRACY	MONARCHY
AUTARCHY	NEOCRACY
BINARCHY	PLUTOCRACY
CHIROCRACY	TETRACHY
CRYPTARCHY	THEOCRACY
DEMOCRACY	TRIARCHY

```
D C A J U O R R F S E M L S L
I R E S I W K C O L C N S L D
S T E N O R T H U P E U E L I
X N C D O U J T R T I V A G G
J Y U E O S T D P T H L E I C
I E S I M U M H L R C L V L S
Y H E U D A B P A I O O E Y D
S V A D R E G L Y C N H R J N
U S S U L R A D E K T A E R T
E A T A F W P L R T R C I Q U
D P A R T N E R S A A H L S T
C M T M A U P S F K C A T N F
X U O L L I K S T I T N R H E
T R N O I T N E V N O C E L J
X T H O P E N I N G L E A D V
```

CARD GAME	OPENING LEAD
CHANCE	PARTNERS
CLOCKWISE	REDOUBLE
CONTRACT	SKILL
CONVENTION	SOUTH
DEALS	STRAIN
EAST	SUIT
FOUR PLAYERS	TRICK-TAKING
LEVEL	TRUMP
NORTH	WEST

```
S Y X T Y X C A A C E O C F E
A K Z T A U R R B L A D S O E
A C N A L B A S A C D Z A R C
W O I R Q L W P M S I T Z R K
D R I R P L L B E N H U R E E
O E V N F R E A R G I I A S R
T W E B O A O C H Z T G I T H
Z L O R D O F T H E R I N G S
Y I P O H P T O A I I G M U A
A H R B O U E A T I C N A M L
S D L A F A N A L U D A N P S
G N I T S E H T V P O A G A A
V A D Q A M A D E U S H L O L
S G O D F A T H E R T G T G R
Q E P T D J C I N A T I T V V
```

AMADEUS	GLADIATOR
ANNIE HALL	GODFATHER
BEN HUR	LORD OF THE RINGS
CASABLANCA	OUT OF AFRICA
CHICAGO	PLATOON
CRASH	RAIN MAN
DEER HUNTER	ROCKY
FORREST GUMP	SHREK
GANDHI	THE STING
GIGI	TITANIC

131. Books Of The Bible

```
T A M A S U X S E M A J S L H
O A G P C N L N H O J M J K T
R T L Z S T A A A V V L O I U
W L E P H E S I A N S A S Z X
B X E P H P R S T R U T H N P
M E T V R A R S R A N B U U U
D I W T I C X O K C L M A S Q
P R L A I T A L V O B A W M T
V B U R R T I O S E C E G L R
N E K E Z P U C R K R A M A N
T R E X O D U S U B O B S S L
K S H T S Z L S E S M S S P A
V F X R E S T H E R A G A R W
U T T X P A U L P A N R H A R
L U R B H J U D G E S M P S O
```

ACTS
COLOSSIANS
EPHESIANS
ESTHER
EXODUS
GALATIANS
HEBREWS
JAMES
JOHN
JOSHUA

JUDGES
LEVITICUS
LUKE
MARK
NUMBERS
PROVERBS
PSALMS
ROMANS
RUTH
TITUS

```
D R T T F R P I O C U N W P G
K M A I V U Y W K U N A B S N
U N L D E S G N I T E E R G P
F S R I A A S P R K L E A N A
P M V N N E K A R L D A D I P
R M I G O K D V S C N L Y K O
E R R S I I L I W Q A V E C R
I X R Z T N N A T F C R B O Z
T A P I A L S U E E O A D T N
H X O E C S E S E K L A X S B
Z N I P A P T T K R I U B L S
N A T I V I T Y O J R B Y E K
I K L L V R T O H E T A B G G
R P Y A D I L O H O X U U N F
H O L L Y T U O T J Y T R A P
```

ANGELS

BELLS

CANDLE

CARDS

FESTIVAL

GREETINGS

HOLIDAY

HOLLY

MISTLETOE

NATIVITY

NOEL

PARTY

REUNION

SPIRIT

STOCKINGS

TIDINGS

TRADITION

VACATION

WASSAIL

YULETIDE

```
R L U R W S I X Q S O R S A S
M U A P I N Y O E P A C T B M
Q J P B O A N H A I E L R E J
K T Y A P T P Y S N T E A T A
M S P H N A O E K U F V I T W
I B K R S F R D N I L B G I B
A Q G T F U F H D O O F H N R
I S R M U O L N I S P O T G C
H Z B Z E R S F O G A L W U U
Q R C D G E N B L L H D O N N
A C A H E U T I E A I C P H H
S P R V E A T V L T Y M A U U
S A F I G C L N S L A O I R T
P S A P O C K E T P A I R T D
O A Y C R E V I R X I R S D U
```

ALL-IN

ONE PAIR

BETTING

PAY OFF

BIG BLIND

POCKET PAIR

CHECK

POT ODDS

DEALER

RAISE

FLOP

RIVER

FOLD

ROYAL FLUSH

HIGH CARD

STRAIGHT

NO LIMIT

TURN

NUT FLUSH

TWO PAIRS

```
J A R M W Q R U D H O O W L J
S A G O O T X W H A G T E A G
F L C A S L H Y N N A D N R P
G R E K X S Y R P N V U I J S
D E A O S R G N A I I C T N T
T L H N N T L E E B H U N I R
K G S S K A A H L A Z E A L A
A N M U R N R P R L U M T E N
Z E O I T A F D L L E X S S G
I P R L A S K U M E E R N C E
E S E U I I U P R C T S O R L
W N A J M V A A R T C O C A O
M O U B R I E U F E E O N N V
A G L O G A N Q Y R E R Y E E
S E M M E T T B R O W N V A K
```

CONSTANTINE
EGON SPENGLER
EMMETT BROWN
EVIL
FAUSTUS
FRANK-N-FURTER
HANNIBAL LECTER
HENRY WU
JACK STAPLETON
JULIUS NO

LEONARD MCCOY
LOGAN
MOLYNEAUX
MOREAU
NILES CRANE
RICHARD KIMBLE
ROSS GELLER
SAM WEIZAK
STRANGELOVE
ZHIVAGO

```
T O N S A G S X C Y C U U E B
A I O W A U V I F M A A P R A
J V G U A A R I S T O T L E Y
E P C O P E R N I C U S A W H
R Y J Y D O T C I A C A N Z Y
H M G I N A L T H L E G C Z A
X I S T M O O R E I K A K U D
C O G S T Z W L E C M N A P A
N E Y N N I E T S N I E A Q R
N T I J I X L U E I A S D R A
I E M R P K L R B V X S O E F
W S W P U U W E G A B B A B S
R L L T O C L A O D I N A F Y
A A J M O L E R H O B M W G K
D S L P G N H S X F D N C L T
```

ARCHIMEDES	FARADAY
ARISTOTLE	FRANKLIN
BABBAGE	HAWKING
BOHR	LOWELL
COPERNICUS	MOORE
CURIE	NEWTON
DA VINCI	PLANCK
DARWIN	RONTGEN
EDISON	SAGAN
EINSTEIN	TESLA

```
M I L L E T U C Y Y Z H T Z L
M U R U D Y L X Z O A I Q U R
Q F H Y B R I D M A S M U D E
R T B G R Y E S S L C A G K A
S A R N R I A Y G A D L X R C
I B Q I A O C I P E U S L C O
Y A T P T T S E V R A H U R C
P R O A E I L L X E U N E T T
L L C E U L C D A C G O A T S
L E N R E K T A E H W S L O R
F Y Z T O L O U L A Y K I F L
T I O I R P A U S E P E L Q R
O U R T A F S B G P I Y K O T
E S V Y T M Q V U V T T A M S
E S I L G S G G P K R L F I S
```

BALE
BARLEY
CEREAL
CROPS
DURUM
FLOUR
HARVEST
HYBRID
KERNEL
MAIZE

MILLET
OATS
PELLET
REAPING
RICE
RYES
SORGHUM
TRITICALE
WHEAT
YIELD

```
R X R E R T I U S E T R F G T
Z D V R G T A A N M C K A Y P
B Y U H E P C A A O C E R G O
J R R T E T Q R D O I C C U N
K I O L J A T A P Z Z E C V O
L L A W P I Q E L Z I H A E D
A G H I N P L L L B T L T L R
N C B E K A L C T L H S D L O
E G Z O N S P G I L I A S J G
E S R D W D W Y T I X G U Z S
S D V S C Y E O E S O L N E D
Y F R E C K E R G L N R R I G
L I X S Y U C R S O S U I I W
W W S N O S N O M O L A S O W
A T N F R E E D M A N G E T R
```

BOWYER
BROWN
COPELAND
EASLEY
FRECKER
FREEDMAN
GILLETTE
GLOGOWSKI
GORDON
GRECO

HENDERSON
HIXON
IORIO
LANE
MARTINEZ
MCKAY
NUCCIO
SALOMONSON
WALL
WING

```
M P M A O S A N P D S N F O O
X P A K G Q H A V L R P L Z Y
O R Z C O N G R E G A T I O N
S K A O E T I I E R R G S K O
Y L P L U T Y L L W U W U S L
N Y R F X E C I B B D T S E O
G N I L D D A P U U C N L E C
A X D V S M N S O T O F E U Z
S L E C E X I Y E C A R B S C
S I F N A N T H G I L F T W S
L U T F E S S M N S P K C A P
A J S S H I B S A D P O O R T
R P S Y E V O C E U R L L M A
T H L R R V R K A U K R F L G
O O I O D T D C N M T L R O S
```

BRACE	PACE
BUSINESS	PACK
COLONY	PADDLING
CONGREGATION	PARLIAMENT
COVEY	PLAGUE
CULTURE	PRIDE
FLIGHT	SHREWDNESS
FLOCK	SWARM
HERD	TROOP
OBSTINACY	TROUBLING

```
A U T J A I E J A N O E G N R
T N A I L L I R B K I C G J U
Z C S C N L U X U E G S E E P
W L N T T D U M D C H O A H T
O O R N H N I D I I S C O Q X
M U C E G S A S N N V B A U U
X D O D I P O I T U O I O G O
M E R N R A N M D I A U V Q M
O D G E B G G T B A N D S L B
O R A L U C S U P E R C E D G
R L A P O P O H Y U R S T J U
R Z A S Z W N Z A K S L A R O
E B Q E F A I N T D R A B V Y
J S Y R J E L N H D Y U A N Y
A R H W A M X B G L O O M Y N
```

ABLAZE

BRIGHT

BRILLIANT

CREPUSCULAR

DRAB

DULL

FAINT

GLOOMY

GLOWING

INDISTINCT

LUMINOUS

MURKY

OBSCURE

RADIANT

RESPLENDENT

SHADY

SHINING

SOMBER

UNCLOUDED

VIVID

```
N F D C A S K T D M A N U A E
O R J M A R C U S I S L A N D
T P D G R E K R D Q D R F U V
S Y N E K A U L A E N D U T H
R E A S T E R I S L A N D U I
E O L W S I O O R R L E A F V
M N S S D E T B T Z S P U A T
L A I E T I U G Q O I A S M A
A S R X I U M T U T N A T K T
P S E E E S P H C A O G R A Y
W A K E I S L A N D M E A T D
U U A O K L I A I L O S L U M
L O B R L R T G N Z L O I E A
S M L T N O D X L D O L A M R
O W T T M N A P I A S O T O T
```

ANATOM   NASSAU
AUSTRALIA   OLOSEGA
BAKER ISLAND   PALMERSTON
EASTER ISLAND   PITCAIRN
FUTUNA   RAROTONGA
GUAM   ROSE ISLAND
KAULA   SAIPAN
MANUAE   SOLOMON ISLANDS
MARCUS ISLAND   TUPAI
MIDWAY   WAKE ISLAND

141. Magazines

```
O P R N B L U E P R I N T N T
L I E N K R U P U R U F E R J
Y R N V E F T F A R C R A C I
C G I T E W A A W X R G I P R
B O O G W R S I G R A A R B E
A N O L N S Y P R V T M L I R
B N E K O A R D A U H E I L U
Y L I E I E C E A P S Z N L L
T O E M T N A I L Y E E E B L
A P C D A N G H R P F R R O A
L O O K C T E L C E O O S A A
K C G W U W I V I R M E O R M
A S P A D F A O E G A A P D G
E G D E E H T E N S H M L U P
D R T H E A D V O C A T E D O
```

AIRLINERS
ALLURE
AMERICAN GIRL
ANIMATION
ARCHAEOLOGY
BABY TALK
BILLBOARD
BLUEPRINT
CAR CRAFT
COOKING LIGHT

EDUCATION WEEK
EVERYDAY FOOD
FAIR USE
GAME ZERO
LOOK
NEWSPAPERS
PEOPLE
SEVENTEEN
THE ADVOCATE
THE EDGE

143

142. Religions And Beliefs

```
M C I S L A M S I N I A J R R
Z S R T N A T S E T O R P B L
J O I Y N S C I I M A E C Y A
K Q R N G H P I A A U H R D T
V T M O A O U I L W D C C I S
L W X L A G L B R E O U O S O
O T N I H S A O A I G J J H C
Y R S M R P T P T H T N X V E
K U I J F Q H R O N A I A X T
I I S G T S S T I E E I S V N
R A S T A F A R I A N I S M E
N D R V N A C I L G N A C M P
E O Q U R L M S I H K I S S K
T A I I N T H I N D U I S M G
I C P F T T B U D D H I S M O
```

ANGLICAN   NEO-PAGANISM
BAHA'ISM   PENTECOSTAL
BUDDHISM   PROTESTANT
CAO DAI   RASTAFARIANISM
EVANGELICAL   SCIENTOLOGY
HINDUISM   SHINTO
ISLAM   SIKHISM
JAINISM   SPIRITISM
JUCHE   TENRIKYO
JUDAISM   ZOROASTRIANISM

```
A  T  S  A  S  W  I  W  O  E  A  K  H  L  S
Y  P  D  S  A  T  A  R  C  S  E  P  N  S  K
S  O  A  T  I  V  F  N  E  E  L  S  E  P  C
L  M  E  M  E  U  M  S  A  A  P  A  T  O  R
L  R  O  S  N  R  Q  O  N  J  W  B  N  N  B
L  O  S  A  U  U  Z  K  L  E  B  C  R  G  K
R  W  A  C  D  N  T  V  E  L  H  P  R  E  S
E  E  L  L  D  O  R  D  I  L  U  I  O  S  T
A  N  T  D  N  S  P  C  J  Y  N  S  C  I  T
Y  I  M  U  A  H  H  A  F  F  B  B  K  W  G
B  R  A  T  S  E  L  T  T  I  R  B  S  A  S
B  A  R  C  N  L  U  L  Z  S  E  A  G  L  A
M  M  S  S  A  L  T  Y  H  H  E  M  S  F  O
I  A  H  T  A  S  J  T  R  O  Z  T  P  W  X
U  L  E  J  K  Z  Z  B  R  A  E  K  I  B  F
```

ALGAE	PLANKTON
BREEZE	ROCKS
BRITTLE STAR	SALT MARSH
CONCH	SALTY
CRAB	SAND DUNE
JELLYFISH	SEAWEED
LICHENS	SHELLS
MARINE WORM	SPONGES
MOLLUSK	WATER
OCEAN	WAVES

144. Seen On Screen

```
K E E S U O H L L U F C T M O
G D V C A N R O S E A N N E B
E L U I A J E U R S C U E K X
P E T D T R L W D Q O Q M O P
L F I H S I G C H Y U O E M Q
Y N O S E T G D T A T F V S A
N I G H T C O U N T R I O N S
Y E O X I I O T F A I T R U A
P S E T W B U S S E L Q P G L
D V O T A M S I B M H L M W L
B C L D L X E N L Y P T I S A
L M A E F R I E N D S E E W D
U M A C G Y V E R K X H M E U
E P N S N I A P G N I W O R G
O G C C H E E R S O Q I H W V
```

CHEERS
DALLAS
FRASIER
FRIENDS
FULL HOUSE
GROWING PAINS
GUNSMOKE
HOME IMPROVEMENT
M*A*S*H
MACGYVER

MAD ABOUT YOU
NEWHART
NIGHT COUNT
NYPD BLUE
QUANTUM LEAP
ROSEANNE
SEINFELD
THE COSBY SHOW
THE FUGITIVE
WILL AND GRACE

```
S G O C L O V E R B E N D C L
G C B L Y T H E S O Y A C W O
N T L R Q R V W S B R X L A P
I W D I A A J K E B L G A N O
R O A Y N D Y L Y U I R Y O A
P R L S R T L H N R A A T I T
S I L E S E O E N N J A O S G
M V A T G U L N Y S D O N N F
A E S Z S D W L H H L R H A S
O R C E X B I Q A O O G O M O
L S O G O I A R L G U U U L V
I Q U Q X Y N N A G M S S E E
S G N I R P S A K E R U E E U
N I T R A M K R A M P Z A P E
F U Y T N U O C N A G O L B S
```

BAUM GALLERY	EUREKA SPRINGS
BELLE	EVANS
BLYTHE'S	GANN
BOB BURNS	LOGAN COUNTY
BRADLEY HOUSE	MARK MARTIN
CLAYTON HOUSE	OLD JAIL
CLINTON HOUSE	PEA RIDGE
CLOVER BEND	PEEL MANSION
DALLAS COUNTY	SILOAM SPRINGS
DARBY HOUSE	TWO RIVERS

```
X U S T A W L Y A J X T L R J
I R S I E E Y E R V S Y P D C
M Y O T H E R A P Y J P U H H
O H O M A I U I R O L F I N G
L O Y I A I Y S S S P N O H J
I T D D V D H D S W E T H A I
M S L A R C A S O I N A R C U
O T T U Y O H E T B T I S A E
L O N N O R T S H P L P T A E
T N Q E S F A H I N B L E E K
Y E E L S N E S E D A J U E U
A M M A G O T Y E R E I T F D
E R U S S E R P U C A W D V E
D T E E R S Q S T R O P S N P
D A R O M A T H E R A P Y P I
```

ACUPRESSURE
AMMA
AROMATHERAPY
CHI NEI TSANG
CRANIOSACRAL
DEEP TISSUE
ESALEN
FULL BODY
HOT STONE
HYDROTHERAPY

INDIAN HEAD
LOMI-LOMI
MYOTHERAPY
ROLFING
ROSEN
SHIATSU
SPORTS
SWE-THAI
SWEDISH
WATSU

```
B  C  I  D  O  I  O  R  D  Y  H  S  C  R  Z
Y  X  I  R  X  P  E  N  T  A  N  O  I  C  Q
R  P  P  R  O  P  A  N  O  I  C  B  O  N  C
E  D  E  G  O  R  C  I  M  R  O  F  N  Z  T
K  C  R  R  R  L  L  S  V  N  I  C  A  I  N
N  K  L  K  C  T  H  C  U  L  V  B  H  S  B
A  I  A  A  I  H  D  C  A  L  O  A  T  U  E
O  U  T  L  R  L  L  O  O  R  F  W  E  O  N
G  Y  O  R  T  E  A  O  I  R  S  U  R  R  Z
A  C  E  T  I  C  C  R  U  D  J  R  T  O
S  J  T  C  C  C  O  I  T  I  L  Y  S  I  I
I  S  S  A  L  I  C  Y  L  I  C  R  H  N  C
J  C  D  H  U  R  N  S  G  A  C  H  D  L  Y
Z  E  X  N  I  U  G  O  U  I  M  W  L  R  O
J  L  K  O  O  A  X  M  B  P  X  C  R  X  J
```

ACETIC
AURIC
BENZOIC
BORIC
CITRIC
ETHANOIC
FORMIC
HYDROCHLORIC
HYDROIODIC
LACTIC

MALIC
NIACIN
NITRIC
NITROUS
PENTANOIC
PERCHLORIC
PROPANOIC
RIBONUCLEIC
SALICYLIC
SULFURIC

```
S C M E N A T I T R I T O N N
I V C N I I E U E H M Y C E L
T O R O S U E H T E M O R P T
X T O I R A V A H D T E E C P
E J Y D R D R B Y E O R S R E
I Z T J U Q E O S M I A S F X
T X M S S S K L D Y G A I C K
T I S E P L O M I N C H D T Z
I R O U U A I A P A A S A P P
A Y M L E R R P L G C P H W N
Y O I A A I O L H O U O A U A
D P E N E S I P O O E L A R A
I J D L A S T F A B B L W W V
E A C T T A I L E H P O A W T
J S R O H D T T T N E P S K B
```

ARIEL	LARISSA
CALLISTO	MIRANDA
CORDELIA	OPHELIA
CRESSIDA	PANDORA
DEIMOS	PHOBOS
DIONE	PHOEBE
ELARA	PROMETHEUS
EUROPA	TETHYS
GANYMEDE	TITAN
KALE	TRITON

149. Tools Of The Trade

```
J T T A C N T I B Y A R A R V
R S M S T S A T U E M O S L G
E E W A S E L B A T S W L R R
M S D F S C I S S O R S A E O
M K E A X U R O P E E S T T U
A C T H E B G E N A S N H T T
H A S E S R L C W C D V E U E
E J M P N U H A U D R E N C R
G R E P P I R T S E R I W E E
D A M G V H T B E T I I P G D
E C T P Q E E I T P E A V D N
L H T L R S I I N N I R L E I
S P R A Y G U N R O I P U H R
M O X N R K W A S D N A B Z G
T Q N E S R E H S I L O P A O
```

BANDSAW
BLASTER
CAR JACK
GRASS CUTTER
GRINDER
HEDGE CUTTER
LATHE
PAINT BRUSHES
PIPE THREADER
PLANE

POLISHER
ROUTER
SCISSORS
SCREWDRIVER
SLEDGEHAMMER
SPADE
SPRAY GUN
TABLE SAW
WIRE STRIPPER
WRENCH

```
A H A H N Z E E F F O C P T G
R P N E U O E O I Z O Y U I V
E E I E D U M Z T C S T N W O
D V T N H I Z E B Q E G C Y D
W R W A A Y E B L Y E C H K K
I K H O W C H E R R Y C O L A
N S I A E L O E A S E R G L S
E Z T S U H L L D J J T D H D
M E E A L G E I A A O A T T P
R K W I C I N O T D N A N I G
K N I R D T F O S S A O F O B
U E N G A P M A H C L I M S T
I U E N I W E S O R R Y L E Z
R E S A H C O O T J U T I N L
N O S S H E R R Y R T P A G X
```

BITTER LEMON PINA COLADA
CHAMPAGNE PUNCH
CHASER RED WINE
CHERRY COLA ROSE WINE
COFFEE SANGRIA
FIZZY WATER SHERRY
GIN AND TONIC SOFT DRINK
GINGER ALE STILL WATER
ICE COLD VODKA
LEMONADE WHITE WINE

```
P H R D H J O R P R I M U L L
R X E D Z S O L T E R C K U L
H L G R L U F I R D R I E G Z
F V I A F I E O S C V N W O D
U D N N W J H D L O M L A K S
W J L D T U O N P R T L E S T
F J E G B T G T Y I U T U R S
L D I R N M K O U R H N P I H
E W F I W G K A L R B S G E R
U L X D A A O G U L O R R G I
X W T R H L L T O U U J X L S
Q O T T O R H K V N A P T C T
W O U D I Q U G A U D O I H N
S D R O T R P N U R D U G V Z
U B I L R R S E D X A T L H S
```

BRYNHILDR
GEIRDRIFUL
GEIRSKOGUL
GOLL
GONDUL
GUDRUN
HERFJOTUR
HERJA
HJORPRIMUL
HLOKK

HRIST
HRUND
KARA
OLRUN
RANDGRID
REGINLEIF
SIGRUN
SKALMOLD
SVIPUL
THRUTH

```
L T G U I L D E R A N I D U R
Y X N P L D A G S S H A W S A
Y O T A Z M O Z W C J K U O C
T A S C K U B L T R U P E E X
Q T V T R F L E L E M D L R U
R E T D U T A L N A U U O L C
O S E P O I B Y P S R Q L C W
K H L K D G B O L H T N O T P
F A B C U G U T S I L K U X S
A W U L C N M I H L U W G Z O
T T R J D I A D N L G H U B E
I L M M C R E N M I N B I L A
J R Y B K V F R A N C P Y F A
H E S X T R T E N G E D A L M
X M G I D I S G K R U R A R P
```

BALBOA	OUGUIYA
DINAR	PESO
DOLLAR	POUND
ESCUDO	QUETZAL
FRANC	RENMINBI
GOURDE	RINGGIT
GUILDER	RUBLE
KUNA	RUPEE
NAKFA	SHILLING
NGULTRUM	TENGE

```
S  I  Y  I  L  I  U  H  D  J  W  C  C  H  A
Q  S  T  O  I  A  U  S  B  T  L  H  U  I  Y
L  V  B  O  G  T  Y  E  N  I  N  G  Z  I
Y  K  I  M  O  R  K  L  Y  A  D  Y  A  L  Q
O  Y  J  N  O  I  T  C  A  R  F  E  Q  S  L
L  Y  Q  O  G  L  H  T  E  M  A  S  E  E  T
D  T  U  I  O  L  G  D  E  L  I  V  L  I  Y
E  N  D  L  L  I  I  E  T  X  E  C  A  Z  T
N  E  O  L  S  O  E  B  T  N  Z  V  E  W  F
Y  W  U  I  V  N  F  Y  F  O  U  R  E  D  I
H  T  A  B  L  G  N  I  R  S  O  L  R  N  F
L  O  R  P  Q  L  T  M  V  T  V  W  H  A  Q
N  M  D  I  E  R  I  G  L  E  L  B  T  V  E
R  K  I  M  H  F  A  M  L  D  B  P  T  E  E
P  X  L  L  I  T  E  T  R  E  F  U  S  I  C
```

BILLION	MILLION
DECIMAL	NINETY
EIGHT	SEVEN
ELEVEN	SIXTY
FIFTY	THIRTY
FIVE	THREE
FOUR	TRILLION
FRACTION	TWELVE
GOOGOL	TWENTY
HUNDRED	ZERO

```
T P U R R O C H I A R S I O Q
L A R O M M I L L E G A L G U
Y S U O I R A F E N L R L V R
N S E N S E L E S S W G I W T
F X C L R Y N L U A A L C I U
I E T A M I T I G E L L I C W
S L L W N H G O L A S W T K P
E B U B S D G H I F L G L E K
U A F R A U A N T R O J Y D Y
R R W E P T O L O E R T J E X
R O A A I U C I O R O E U K S
T L L K S R A I C U W U G O O
W P N E W R Q E D I S L S O I
K E U R U I X M Z N V A S R Q
W D F K R C U L P R I T N C H
```

CORRUPT	NEFARIOUS
CROOKED	OUT OF LINE
CULPRIT	SCANDALOUS
DEPLORABLE	SENSELESS
ILLEGAL	UNLAWFUL
ILLEGITIMATE	UNRIGHTEOUS
ILLICITLY	VICIOUS
IMMORAL	VILLAINOUS
INDICTABLE	WICKED
LAWBREAKER	WRONG

```
P Y P E E L S C O O B Y D O O
T A O R I R N Q I Y P P A H L
X X M B N T Q A K Y R Y P C M
S B O R Z W S Y T D E E H K K
R A A S M E L I O S T L N F H
E R L D U E O P K E S K E B I
G T E R G T E T R N E N B O B
O S E S G Y U G F O V I L R Y
R I S G I P R P J J L D A P R
Y M A O W I O F W D Y A K L X
G P O O F P B U K E S M E J W
G S I F E A V M K R N L L F D
A O I Y I S Z T A F C E Z I S
H N E U H H P G L B R V N Z H
S I D K C U D D L A N O D N B
```

BAMBI
BART SIMPSON
CHIEF WIGGUM
DAPHNE BLAKE
DINO
DONALD DUCK
DOPEY
FRED JONES
GOOFY
HAPPY

KYLE
PETER GRIFFIN
POPEYE
SCOOBY DOO
SHAGGY ROGERS
SLEEPY
STAN
SYLVESTER
TWEETY
VELMA DINKLEY

```
R N R Y R I K S U E H C C A Z
U A A I L E Z G T Y E U U S F
T M A C Y S D T L Z S J T N D
Z L N W J Z C N X K U V Z Z S
Z A I N A B S Z A N D R A T L
P Z H H C Z J I R Z E C I Z O
T R A L F C Z A K Z H Z R E F
O R Z Z E L E K A A O S E L L
L O O T R E N M R R N R U D R
B P W J U J O Y I X I N E A H
T K I A N R N N M A U B I S P
A S B C A E A I O T G O Q Z Q
E R U T S T T N T Q X T C C X
Q S P R D U Y J I X A P C Q W
U P M Q E D Z D Z Z W P O K O
```

ZACCHEUS	ZANDRA
ZACHARY	ZELDA
ZAHAR	ZELEKA
ZAHINA	ZELIA
ZAHLEE	ZENON
ZAINAB	ZINNA
ZAIRE	ZITOMIRA
ZALMAN	ZORINA
ZAMORA	ZURIEL
ZANDER	ZYTA

```
I  U  W  I  B  G  F  T  R  F  W  O  R  A  D
R  U  T  E  B  A  N  A  J  V  R  L  C  A  R
X  T  G  N  B  S  G  I  X  P  J  A  P  A  S
L  R  S  U  C  O  F  O  T  U  A  N  M  P  H
S  E  E  F  I  L  M  S  P  E  E  D  Y  E  U
E  M  N  K  O  R  H  Z  I  S  K  S  N  R  R
A  I  E  S  A  C  R  U  A  O  Y  C  I  T  O
S  T  G  E  S  H  A  E  A  L  P  A  A  U  S
H  F  A  W  V  P  S  L  P  C  A  P  R  R  R
U  L  T  X  O  B  E  A  L  O  T  E  G  E  B
T  E  I  C  A  B  L  E  R  E  L  E  A  S  E
T  S  V  Q  A  V  R  U  D  E  N  E  Q  I  M
E  U  E  X  P  O  S  U  R  E  M  G  V  E  U
R  V  T  L  R  F  I  I  R  T  E  A  T  E  T
D  O  P  I  R  T  S  A  R  T  N  O  C  H  D
```

APERTURE
AUTOFOCUS
BLUR
BRACKETING
CABLE RELEASE
CAMERA SHAKE
CLOSE-UP
CONTRAST
DEVELOPER
EXPOSURE

FILM SPEED
FOCAL LENGTH
FRAME
GRAIN
LANDSCAPE
LENS SPEED
NEGATIVE
SELF-TIMER
SHUTTER
TRIPOD

```
S D L D R A P T U Y A S D L X
R R L O O E B U T T S E T J E
R E P P O R D L A C I M E H C
W P N G O G G L E S O O E P R
S A E R R N X N O S G Q U F U
Y P T S U A T E I H I P T U C
R R G C T B T E T R P A S N I
I E S N H L N R B T R M P N B
N T D G I G E E O E E I A E L
G L E N N L K S M T R T L E
E I P I I O G A Z N K D U S C
F F T B L L T E S B U S L B A
U E R U O D Y B R S V B A H P
S T D T E D W C T I D F L L R
A I G F J U E A Q I I U N F F
```

BEAKER   GOGGLES
BUNSEN BURNER   MORTAR
BURETTE   PESTLE
CHEMICAL DROPPER   SPATULA
CLAMP HOLDER   STIRRING ROD
CRUCIBLE   SYRINGE
CYLINDER   TEST TUBE
FILTER PAPER   TONGS
FLASK   TUBING
FUNNEL   WATCH GLASS

```
H L C T S K H E B R T C T H A
I I I A T F S O C T H H E L R
L Y T W E A V S U I R A U Q A
U G P Q N S C T S S L R I U P
N O I T A T E R P R E T N I U
A L L X L D L L A T C W I O T
R O C A P A E A G I B H M N A
N R E N S S S E N T E E G Z
O T O B B B T P C R A E G I S
D S E P G V I A E E E L S S C
E A U V U T A L R C N D R N E
T S I W I U L I H S T D I U O
S T O R A T M I I O I S A S F
A S Z O D I A C X B V G G N H
M E T M O A P N N A G C N U T
```

ANGLES

AQUARIUS

ASPECTS

ASTROLOGY

CELESTIAL MAP

CHART WHEEL

DESCENDANT

ECLIPTIC

GEMINI

HOUSE

INTERPRETATION

LIBRA

LUNAR NODE

NATIVE

PLANETS

SIDEREAL

STAR SIGN

SUN SIGN

TAROT

ZODIAC

160. 4-Letter First Names

```
W H B R Z D H X P A A O R F U
B R R I R O U C Q M K Q Z G Y
I A O R L Q A E K A J E G L N
G N C S Q A E I L H I U Z V T
T L A W S E U A F R I J A W I
R G P Y K M N D E R Y H H F U
U A W B R Z K A P Q R T P E K
K S R O I A R H E K U D U N A
C C P T D L Z C P S R R Y O P
Y L T A R J H S U H W J R Y T
L L M X E R A R Q M I C K P Y
X F H A W W U X I L L D E K
T T N O C S H L G G L M D H A
Q X A A G F F S Q U T T P Z I
Q D A T A E I F B W X I D T D
```

ADAM	MICK
ALAN	PACO
CHAD	PEPE
DIRK	PHIL
DREW	ROSS
DUKE	RYAN
EARL	SEAN
JAKE	TOBY
JEAN	WALT
KURT	WILL

```
S S K A C R S L U T T U V O U
R E Y E K W A H E R N U P U L
U Y N B T N O D E L B M I W Z
H T E I A R E V A L G P V M X
P C E L L R E P V P R I K A I
O B B G L M L U O U A R E L Y
R U O G I O A K L H R E O S X
H A D R V Y W R I L C L R D H
R Y P E G U P B T S V N N N G
S O R R A G D N A L O R E A T
E A D E A O L E R L Q Y C R R
U T I D C C S T V F L O M G F
N O A E I U K S A T U T L S L
X U T F N C E E N R U O N P T
R A A L L N K D T O Q W Y I E
```

BORG	MCENROE
COURT	NAVRATILOVA
DEUCE	NETS
EVERT	RACKET
FEDERER	RODDICK
FRENCH OPEN	ROLAND GARROS
GRAND SLAM	TRAMLINES
HAWKEYE	UMPIRE
LAVER	WIMBLEDON
LOVE	YELLOW BALL

```
V E P B D R M K A J A T A R R
N F E D F C U I D S B D N G S
S R L X N D R L T M A P O I E
G A B A T W A O I B S A I W T
U P F M E A M O A P S R R M P
S A C P W I A L D E Y P E I O
E R Y K U G Z G N U T G L E N
J U K N O M E A D O H T A G A
E A R G Y A L A M A A I V B P
S A W A I G O T I K U Z A Y S
U E O E S T R Z K U H T T R U
A R U R A Q Y A H M H Z V R G
S E F S E S J Y O A T F Y H R
E M X W X N I H P S O R D N A
V P I S Q T R M M N I S E K L
```

AATXE	AKKA
ABADA	AKUMA
ABASSY	AMALA
ABATH	AMARUM
ABATWA	ANDROSPHINX
AFANC	ARGUS PANOPTES
AGATHODAEMON	ASENA
AGLOOLIK	ASTOMI
AGOGWE	AVALERION
AJATAR	AZUKITOGI

163. More Cheese, Please

```
A C R E A M P I E A F C S E B
O O P T U V G M Y D B W E B A
S L P E V G L Z I Z J N Q D Z
F B L E U L B U L B A M A B E
U Y E W P L L I H T A E R G M
A E E R H P B D T K Z I B B E
X S T L G T E G B U C J T V L
O W T U W E U R A K W E I M E
N P E S F O R O J T X Y L C T
Q R N A C I R E M A Y E L M N
K R A D D E H C S Y C A A A O
U S Z O S R R G P R L K M D M
F C Z L E V O R P O B P O S R
A G I E E A P C A P R I O L E
S A P S T C O L D P A C K S V
```

AMABLU BLUE	GREAT HILL
AMERICAN	MAYTAG BLUE
BERGERE	PEPPERJACK
BRICK	PIZZA
CAPRIOLE	PLYMOUTH
CHEDDAR	PROVEL
COLBY	TELEME
COLD PACK	TEXAS GOAT
CREAM	TILLAMOOK
CROWLEY	VERMONT

```
Y P E Z A S L X N P P L R E A
E A S H M O L E A N A Y I E H
B X S H E A R S T A I T J R E
L R M L S R O D I N T T K V R
G H I O Y A S R O D E E S U M
R T T T D G A T N A B G M O I
J O H M I E U L A U X L U L T
V D S W I S R G L F J U S D A
T A O N H C H N G O I A E O G
S R N I I I H F A E J P U O E
W P I G B P T E L R N A M W E
H L A R O L K N L I T H L L E
D E N R K G C E E S L N E L V
G R U B M A H C R Y O S Y I S
I J A U D L X O Y A H N V H M
```

ASHMOLEAN
BRITISH
EL PRADO
GUGGENHEIM
HAMBURG
HEARST
HERMITAGE
HILLWOOD
LA JOLLA
LOUVRE

MICHELSON
MODERN ART NY
MUSEE D'ORSAY
NATIONAL GALLERY
PAUL GETTY
RIJKSMUSEUM
RODIN
SMITHSONIAN
VAN GOGH
WHITNEY

```
S  S  F  U  S  P  Z  L  I  E  S  O  B  N  H
U  E  K  I  D  N  O  L  K  K  W  L  L  Y  U
Z  D  I  L  P  I  L  O  T  T  A  D  E  T  U
L  A  M  L  C  T  O  Y  G  C  H  M  E  Y  P
M  P  I  E  I  C  R  G  K  T  S  A  C  M  I
C  S  S  C  I  M  A  J  F  Y  P  I  A  M  Q
K  T  I  E  D  N  A  N  P  P  M  D  E  U  U
P  R  B  E  G  C  O  F  A  E  U  C  H  R  E
O  A  A  R  K  A  K  O  Y  S  R  S  T  N  T
A  E  R  F  I  L  B  L  T  P  T  V  E  K  S
G  H  R  F  P  D  E  B  D  N  P  A  S  L  I
P  P  I  U  L  A  G  L  I  I  O  A  A  Y  H
U  S  Y  U  B  N  E  T  R  T  P  H  S  W
Q  L  Y  V  O  N  I  S  S  A  C  O  C  L  Q
E  Y  Q  U  K  F  Z  P  E  O  C  R  T  Y  A
```

BLACKJACK	KLONDIKE
BRIDGE	OLD MAID
CANASTA	PILOTTA
CASSINO	PIQUET
CHASE THE ACE	PONTOON
CRIBBAGE	RUMMY
EUCHRE	SNAP
FREECELL	SPADES
HAPPY FAMILIES	TOP TRUMPS
HEARTS	WHIST

166. Varieties Of Grape

```
Q R U R V E N M Q E C P T K E
T L C T I N L A M I S E V V P
A V L A R O C L L E R S L A Q
W E H C H A N C E L L O R U T
D L S S E R A T E B E O U R T
A V M U W G L R O M E B D G T
G I J M U U B D E N P U A Y E
J R Q E T S D N L B I E L S T
Y A N N O D R A H C R P R B I
L E N O D R A H C A H A I O A
R S A S S E L D E E S Y B U R
R P A J N W L P D A R T I X O
A R S X E C I D A N A C E F R
T I P S U J V A P T F P R E U
C T O L R E M B O A C I U M A
```

AURORA   ISABELLA
BARBERA   MELODY
BLUEBELL   MERLOT
CANADICE   MUSCAT
CHANCELLOR   PINOT NOIR
CHARDONEL   RIBIER
CHARDONNAY   ROUGE
ELVIRA   RUBY SEEDLESS
EMPEROR   SUGRAONE
ESPRIT   VILLARD BLANC

```
I  S  M  O  Z  M  D  O  D  S  W  O  R  T  H
R  G  T  D  E  O  A  G  P  Q  O  U  A  N  R
T  Q  O  N  R  L  R  I  A  E  E  R  F  E  U
A  V  W  P  E  A  M  D  N  T  T  M  P  M  B
S  P  P  N  H  C  W  E  P  S  R  R  Y  I  A
R  H  E  A  O  E  O  O  R  J  T  W  A  C  B
E  T  A  P  R  V  R  N  H  G  L  R  L  H  B
K  I  F  R  P  T  E  P  N  Y  A  E  E  A  I
C  M  R  T  R  Z  N  L  R  I  E  N  W  E  T
I  S  U  J  R  Y  F  A  I  A  E  N  T  L  T
V  W  U  K  R  O  R  N  M  S  I  H  D  R  B
N  O  B  E  L  P  R  I  Z  E  T  R  T  I  Y
N  R  R  E  K  E  E  S  D  O  G  D  I  T  S
A  R  I  I  E  Q  Y  H  R  K  F  Z  I  E  A
L  A  T  O  S  E  N  N  I  M  T  P  R  A  M
```

ANN VICKERS	MAIN STREET
ARROWSMITH	MANTRAP
BABBITT	MICHAEL
DODSWORTH	MINNESOTA
ELMER GANTRY	NOBEL PRIZE
FREE AIR	NOVELIST
GIDEON PLANISH	OUR MR WRENN
GOD-SEEKER	SIDNEY HOWARD
GOPHER PRAIRIE	THE INNOCENTS
HARRY	YALE

```
R U S I E U R O M S E R T B Z
T P S T K L I N I H C C U Z C
P R A G U S P R P P E B G R S
S S N O I N O P F V T A B I S
L P A P S E L B A T E G E V O
P S I L U M S A C E F Y C P Q
T G S N R R U E W R N O C A B
R G N O A S Y S E F Q I P Z H
S E A N R C I S H H E I P N B
I D S A K A H P E R C A S L V
I E Z G T H N R M L O A U E N
T C S E E T A G S A P O T O P
Q I D R S M O K E D H A M E E
A L B O L I V E S N A E M S F
D S A L A M I D I L L R O R P
```

BACON	OREGANO
DILL	PINEAPPLE
FETA CHEESE	SALAMI
FRESH HERBS	SLICED EGGS
LEMON	SMOKED HAM
MAPLE SYRUP	SPINACH
MUSHROOMS	SUGAR
OLIVES	VEGETABLES
ONIONS	WALNUTS
ORANGE	ZUCCHINI

```
S U P E R M A R I O J E S D T
G P P A R S T N H A L O R E L
E K A R C I N O S D E A K O K
A V S C X M S U E T G K F G R
R I I V E O A A F O E I W N G
S S R L C I D N N N R I I R
O U T C A R N W N A D Q I C A
F L E I I R A V L S O H S A N
W R T S C R O F A T F Q P R T
A O I P R P A D E D Z F O M U
R N L I D N O J A T E U R A R
G D O S T T R R T E L R T H I
H R N A M A G E M K D I S T S
K S S T A B M O K L A T R O M
W Y C Z D O N K E Y K O N G O
```

DEAD OR ALIVE
DEAD RISING
DONKEY KONG
DRAGON WARRIOR
FINAL FANTASY
GEARS OF WAR
GOTHAM RACING
GRAN TURISMO
HALO
LEGEND OF ZELDA

MEGA MAN
MORTAL KOMBAT
PAC-MAN
SOCCER
SONIC
SPACE INVADERS
SUPER MARIO
TEKKEN
TETRIS
WII SPORTS

```
E  C  E  I  P  R  E  T  N  E  C  A  T  A  D
R  E  T  N  E  C  F  O  T  F  E  L  S  O  C
O  N  T  E  N  T  E  R  H  O  O  K  S  E  F
T  T  N  E  M  N  I  A  T  R  E  T  N  E  S
U  E  N  T  E  R  P  R  I  S  E  T  U  W  R
V  R  D  E  A  D  C  E  N  T  E  R  G  U  U
R  O  B  D  C  E  N  T  E  R  F  I  E  L  D
E  F  Q  A  P  U  D  I  S  S  E  N  T  E  R
P  G  N  I  N  I  A  T  R  E  T  N  E  N  U
E  R  U  G  X  C  A  F  V  A  I  R  R  L  S
N  A  G  X  C  G  E  A  I  T  T  L  Q  T  C
T  V  P  R  E  S  E  N  T  E  R  A  S  Q  Y
E  I  E  N  I  L  R  E  T  N  E  C  I  P  E
R  T  S  R  Y  C  A  R  P  E  N  T  E  R  G
Q  Y  T  O  R  M  E  N  T  E  R  I  N  G  Z
```

CARPENTER
CENTER FIELD
CENTER OF GRAVITY
CENTER STAGE
CENTERLINE
CENTERPIECE
DATA CENTER
DEAD CENTER
DISSENTER
ENTERING

ENTERPRISE
ENTERTAINMENT
EPICENTER
LEFT OF CENTER
ON TENTERHOOKS
PRESENTER
REPENTER
TORMENTER
UNENTERTAINING
URBAN CENTER

```
B O R A M E H R S S R Z S E K
S R U S A N T A A N A U M T T
E M I S T R A L R J D A U S V
G A U S U W I S V M R N P E E
V T Q B O N I O T I A A R L N
V D U A R T D L I A V T Z E A
Y G N L Q A E O L P I N T V X
M I N I U W K H W I C O W A W
O O W W W O A O N N W M D N N
Z W T I O U L R D O E A Z T C
W R L N S N K B B E R R W E T
O T I D T X A A W M J T X R V
M H T A R I R U T E R I E T A
C X G C I C D F I K R A H S U
I L D L A U S T R U T R W T N
```

ABROHOLOS

AUSTRU

BALI WIND

BORA

BRISOTE

CHINOOK

HARMATTAN

LESTE

LEVANTER

MISTRAL

NORTE

OSTRIA

SANTA ANA

SHARKI

SUNDOWNER

TAKU WIND

TRAMONTANA

VARDAR

WARM BRAW

WILLIWAW

```
A D I T R E K A R N O O M U Q
Y N N E P Y E N O M I I P R K
S O I L L P C I S N A E A S H
S B T L H A I C B N L R G A U
U S R A A V V E F I S O S T G
P E A B D F R L E P L T I O O
O M M R I A E F E D O F L N D
T A C E B M S C E N F D R R R
C J B D I W T N M A F I E D A
O U V N B R E A N I L I A W X
D P G U E Y R Y N F I J T M T
D S M H E T C G O Y S J A D J
J S O T I A E B N T A X P R N
O S E N S R S V C W M S A O H
B T R E V R A C S I R A P I G
```

ASTON MARTIN   MONEYPENNY
BIBI DAHL   MOONRAKER
DR NO   OCTOPUSSY
GOLDENEYE   ODDJOB
GOLDFINGER   PARIS CARVER
HUGO DRAX   SECRET SERVICE
IAN FLEMING   SPECTRE
JAMES BOND   THUNDERBALL
JAWS   TIFFANY CASE
MARTINI   WAI LIN

```
H Y N T I O M A R M H P Q R S
S G E R D O F E V E X I S P P
A R F J S J S F I I I E L Z D
R R E F U S E S A S F C T H V
T U O B U N K U M L S Z J U L
N H B K S I K V I K C F T S I
E S S B C A L T D R R N O K C
E I W A L M T E H S A K S Y I
A R E Q D E B S V H P T K I M
L E E B R R U B B I S H S W B
S B P O I U E Z I B R P S A M
O B I S S O R D A L L D N G R
U I N R E T T U L C G O B K F
U G G L S H L U C A S E W S B
O E S N E S N O N V B X V T O
```

BALDERDASH
BILGE
BUNKUM
CLUTTER
DEBRIS
DREGS
DRIVEL
DROSS
GIBBERISH
JUNK

LITTER
NONSENSE
OFFAL
REFUSE
REMAINS
RUBBISH
RUBBLE
SCRAPS
SWEEPINGS
TRASH

```
L A T E A M C O R A U P X B S
A A S I C R A E W M I W S D Q
E T O E C N E E D C P I R A P
T G K S E K A M R P H S L S W
E O A A L U E R A C O C P F C
R O O C L T Y T U C N D A A R
V D R T P S O E S S E U S D F
S B R I H E H O N F N O S D M
H O E U O P F O T O U I P R T
Z O T S N I A I E H M E O E B
Q K P A E W A S M S B M R S A
Q T A H N U S J T I E R T S E
T Y D R A C T I D E R C U E Y
S L A S U N G L A S S E S S F
R B U Y S E B S H Z I T T X H
```

ADAPTER

ADDRESSES

CAMERA

CELL PHONE

CREDIT CARD

GOOD BOOK

INSURANCE

MONEY

PASSPORT

PHONE NUMBERS

SHOES

SUITCASE

SUN CREAM

SUN HAT

SUNGLASSES

SWIMWEAR

TICKETS

TOOTHBRUSH

TOOTHPASTE

WIPES

175. At The Auction

```
B L O C C Z E X W J Y Y V X E
T L P J O U T B I D N I T I L
R G Z Q E M D Y E A F K P U D
E A Y N M W P I S E L A S Y D
V T R L O R E E N O I T C U A
R N P N J I A L T V M O A B P
E U P S K L T I R I R N A H K
S O V G E I L C N Y T R T S O
E C W D J L I I U I G O A P M
R S B F E C M Y Q A F Y R A T
T I C R X U R U I K H I V D S
D D K A M U E N S Z C C Q M O
R D I B E N O H P E L E T P M
A B I D S S E R U T I N R U F
U D W P U Z Y R E V O C S I D
```

ANTIQUE	JEWELRY
AUCTIONEER	MINIMUM BID
BARGAIN	OUTBID
BIDS	PADDLE
COMPETITOR	PRICE
DISCOUNT	RESERVE
DISCOVERY	SALES
DUTCH AUCTION	SEALED BID
DUTY	TELEPHONE BID
FURNITURE	TILLER

```
S O C S U Z E P M U O A F H T
R I A H G N O L H S I T I R B
F D R H F T A C I C O M U A R
E N O O C E N I A M A S B G W
A A G J C Q C I N L S O O D E
D M N A N H G H A I B L M O S
J R A V E N A Y A T S B B L E
R I H A B L A N A R B S A L N
J B S N E N B I T U T S Y X I
R R I E L L A R I J R R B L
R S K S U R U M N E L K E S A
J O R E N Y E E E E B L S U B
I T U A G S O K O K E I Y T X
L S T E E S E S E M A I S U U
E Z R T T R L A U A Q A I T A
```

ABYSSINIAN

BALINESE

BIRMAN

BOBTAIL

BOMBAY

BRITISH LONGHAIR

BURMESE

CHANTILLY

CHARTREUX

HIMALAYAN

JAVANESE

MAINE COON

NEBELUNG

OCICAT

RAGDOLL

RUSSIAN BLUE

SIAMESE

SIBERIAN

SOKOKE

TURKISH ANGORA

```
G R O T W B W E O M Q G C A R
T S S A L O S U U Q R R I C A
E B I D S U L A W E S I N Y C
Q H C O N E G R E B S T I P S
S A I Y H A I N A N N R L R A
Q I L S X S L C Q L E J A U G
S N Y A P A J S Z R W P H S A
W I O A N A D N I M G S K U D
A D T D V T N S A N U T A S A
G R E A T B R I T A I N S J M
Y A T B O R N E O M N F P G Y
I S U A D L N O O L E A F C S
D G L A M T G R Z N A W I A T
A E S R W U I P A U C E R H B
N H T I J A S S I X L Y T R S
```

BAFFIN ISLAND
BORNEO
CYPRUS
GREAT BRITAIN
GREENLAND
HAINAN
HISPANIOLA
JAVA
LUZON
MADAGASCAR

MINDANAO
NEW GUINEA
SAKHALIN
SARDINIA
SICILY
SPITSBERGEN
SULAWESI
SUMATRA
TAIWAN
TIMOR

179

```
J U A M H A C K B E R R Y V N
A E B R A Z I L W O O D E O B
Y E L L O W B I R C H E U A U
E O F U A A P C Y S S L S S B
D O A Z T C T E E L R S P R I
W C C M T O K U L O W U S N N
G H Q R L R N L L O P U F C G
R H I B E E G G O I F Z L O A
E I A T A D K D W C P A A C L
E S A D E L M C P U U W O O U
N H R J O A S A O C L S O B O
A D U I I D S A P R I N T O F
S F S B E E C H L L M U E L D
H C R I B R E P A P E Y X O T
H S A N A E P O R U E K P Q J
```

BALSA	JELUTONG
BASSWOOD	LIME
BEECH	PAPER BIRCH
BLACK LOCUST	RED ALDER
BRAZILWOOD	RED MAPLE
BUBINGA	ROCK ELM
COCOBOLO	TULIPWOOD
EUROPEAN ASH	WHITE ASH
GREEN ASH	YELLOW BIRCH
HACKBERRY	YELLOW POPLAR

T	N	Q	R	Q	A	E	I	T	Q	Z	A	O	T	L
V	A	F	S	P	U	M	P	X	M	L	J	B	H	L
Z	A	U	U	S	G	R	R	R	T	S	R	P	N	P
K	A	S	P	P	A	S	O	V	G	H	T	Z	R	R
A	F	O	K	A	J	I	H	J	I	A	A	E	S	R
R	Q	I	X	A	T	M	C	J	K	I	H	I	I	L
C	K	I	U	Q	O	O	O	A	U	E	R	D	A	P
A	S	O	P	S	E	R	U	T	R	U	S	X	S	O
O	Z	V	L	E	A	S	T	M	M	G	O	S	A	J
B	H	E	R	M	A	N	A	A	J	C	I	N	C	O
F	I	R	V	H	V	N	R	T	U	E	K	Y	Z	R
T	W	D	L	R	O	T	U	G	T	C	O	R	R	M
O	E	A	K	R	E	L	V	E	C	S	P	T	Y	X
B	O	M	P	S	A	C	A	F	V	T	B	R	X	V
S	T	Q	E	O	S	Y	E	D	R	E	V	G	J	N

AGUA

CERVEZA

CINCO

CUATRO

DIEZ

ESPOSA

GRACIAS

HERMANA

HERMANO

HIJA

HIJO

HOLA

MADRE

MARTES

NUEVE

OCHO

PADRE

ROJO

SIETE

VERDE

```
W E P G F H K T L O A V S O D
Y N I L S A U L V U Q L C R T
Z T U J L Z Y K H O N E P N L
E U O L A I E N A O P L X S A
C R E E N G I A V E V L T Q Z
L D I G O A Z I W O N A S T G
L T K N G T R A T B O W C N V
S R I A K G W U W M M T O Z W
S U R O I A G Z P A C R N R V
I A L N T E S A S L G R I F B
Q C I S L P T O S A D A S T T
R A O A W E U E I K L L T E Y
T N F X P L R G U L L F O S S
H A O W E N T W O R T H N T B
A S L A R P E Z D S I P X P M
```

AGAWA   KHONE
ANGEL   LOFOI
BROWNE   MASOULE
CONISTON   NIAGARA
DELLA   RINKA
GULLFOSS   RUACANA
HUKA   TUGELA
KAIETEUR   VIRGINIA
KALAMBO   WATSON
KEGON   WENTWORTH

```
S  U  S  I  E  T  T  E  I  H  C  C  E  R  O
R  I  D  C  S  A  A  I  L  I  E  A  M  A  G
I  O  O  G  T  A  G  L  L  T  N  M  Q  D  U
F  V  T  C  Z  I  L  G  E  N  C  P  H  I  N
U  A  L  E  R  O  I  I  T  U  I  A  L  A  U
I  P  R  L  L  G  A  H  A  R  O  N  A  T  R
N  L  P  F  O  L  T  C  V  O  N  E  K  O  S
I  A  L  B  A  R  E  N  A  T  I  L  G  R  F
T  N  H  I  K  L  L  O  C  I  A  L  O  I  U
A  T  O  B  S  L  L  C  Y  N  P  E  O  L  I
C  R  D  T  V  U  E  E  T  I  P  R  H  L  L
U  S  A  F  A  J  F  E  L  A  I  K  T  E  T
B  G  T  J  R  G  R  T  C  G  M  B  X  M  A
P  E  N  N  E  N  I  U  G  N  I  L  T  E  N
E  F  E  G  E  C  O  R  Z  E  T  T  I  G  S
```

BUCATINI
CAMPANELLE
CAVATELLI
CENCIONI
CONCHIGLIE
CORZETTI
FARFALLE
FIORI
FUSILLI
GEMELLI

GIGLI
LANTERNE
LINGUINE
ORECCHIETTE
PENNE
RADIATORI
RIGATONI
ROTELLE
ROTINI
TAGLIATELLE

```
F A F F A W T W O B A L L O N
O N E J N S H U P D A G Z O E
E U Q S E B A R A C K S I R D
I B L P A S D E C H A T P L U
R A M P A R T N E R I N G H T
E L P A S D E B A S Q U E H I
T L I D J A P L O M B N D R T
T E R T S E T P V T T A A T
A R O A U P D E B R D N S J A
B I U P O R T D E B R A S I D
W N E Y I A N C N U D V I N O
Y A T H Q V H O W O D E L F C
I S T Z N A S E U T R D G E S
S I E Z T N E M E T T A B C S
T C T A U T Q F R P H L R Q G
```

APLOMB	ENTRECHAT
ARABESQUE	GLISSADE
ATTITUDE	PARTNERING
AVANT	PAS DE BASQUE
BALLERINA	PAS DE CHAT
BALLON	PIROUETTE
BATTEMENT	PORT DE BRAS
BATTERIE	ROND DE JAMBE
CODA	THIRD POSITION
DEVANT	TURNOUT

```
S  Q  S  R  L  R  E  R  S  W  T  Y  S  B  S
H  A  L  G  E  N  I  N  A  C  W  N  A  P  M
U  M  W  S  A  T  L  L  L  S  I  T  U  K  E
X  D  O  B  S  E  K  T  I  F  H  R  Y  N  L
P  L  O  A  H  I  M  F  F  T  I  H  J  O  L
W  U  F  O  E  D  T  I  I  F  T  S  I  I  I
I  G  I  S  F  X  N  M  T  A  D  U  T  T  N
T  P  N  A  R  G  E  X  P  L  O  R  I  N  G
T  I  G  O  E  T  O  R  S  S  A  B  F  E  R
D  A  P  B  P  L  D  D  C  I  R  E  S  T  B
L  O  C  X  M  T  S  J  N  I  Q  R  M  T  Y
O  H  T  B  A  R  K  I  N  G  S  P  K  A  R
H  C  O  O  P  P  N  E  S  T  A  E  R  T  D
X  E  T  R  I  G  R  O  O  M  I  N  G  J  E
O  H  L  A  I  R  J  I  P  T  M  L  V  T  C
```

ATTENTION	LEASH
BARKING	MEAL TIME
BATH TIME	PAMPER
BRUSH	POOCH
CANINE	SMELLING
DIET	SNIFFING
DOG FOOD	TRAINING
EXERCISE	TREATS
EXPLORING	WALKIES
GROOMING	WOOFING

```
F M S L Y X H L L A H S R A M
O V Z T Y Y I X S O E D E I K
A D Y T I C D N A S R I D R A
S D N L N N T M L H M L O B E
O A A U G R S R M C O L N M E
T A L N G P Z O O A S O D A A
P K Q B A E L L N E A N O C V
A E L T I R S B C B B B B S A
R K T E L O G L R A E E E P L
X E M R X U N L E L A A A P O
R Y N N O L W N E I C C C R N
P S A N I L O B K V H H H H A
S R N O E M I S N A S U Y P V
D R Q B V J P A C I F I C A Y
P P S H I P H Z L R J S N C C
```

ALBION	JENNER
APTOS	MARSHALL
AVALON	OXNARD
AVILA BEACH	PACIFICA
BOLINAS	PETROLIA
CAMBRIA	REDONDO BEACH
DILLON BEACH	SALMON CREEK
EL GRANADA	SAN SIMEON
EL SEGUNDO	SAND CITY
HERMOSA BEACH	STINSON BEACH

185. Say "Hi"

```
O T T C Q Y X R S T Y T K B I
V S Z H I S T O R Y K H S R J
M D U A I S U R B Y D I A I I
A H F M J M W O H M F E Y A U
X I T G A E S C I Y E R A H J
M G S Q J T R E R R O L C R
K H N Y F A O L L B A G A H C
C L G I R N A P L F L L M G G
G I N E R R E C O A A Y I I N
O G I E C E E D E P B P H H I
K H R T R B D T D C P H P I T
L T I D F I C N S I I I G K T
S O H R R H L T I P H C H I I
H R Y A W A E D I H I M E N H
G H I N T S U O E D I H R G L
```

HIBERNATE
HIDDEN
HIDEAWAY
HIDEOUS
HIERARCHY
HIEROGLYPHIC
HIGHBALL
HIGHCHAIR
HIGHLIGHT
HIKING

HILARIOUS
HIMALAYAS
HIMSELF
HINDERING
HINTS
HIPPOPOTAMUS
HIPSTER
HIRING
HISTORY
HITTING

186. Basketball

```
M C W R A Q S S D Q A I A A G
R T T U P N P O E J U I S H B
A L P L U O F A F R S B Z T S
W T M M F S O A E A K L I S D
E D U R E B E H N K U C L G R
D T J T Q T L T S S Q F O A I
J L M Y F I T N E S S R B L B
L W O X O T M A L L T E Z R B
O B A C K B O A R D H E V F L
F F T S C O M P E T I T I V E
S W F Z S D A L R F Y H A E O
T G U E U M L L A B R I A N
R R U N N I N G D N U O B E R
O X K B N S S I M U R W R T O
W S R U Z K E T P T L L X I H
```

AIR BALL	FITNESS
ATHLETES	FOUL
ATTEMPT	FREE THROW
BACKBOARD	HOOP
BALLS	JUMP
BLOCK	MISS
COMPETITIVE	OFFENSE
DEFENSE	REBOUND
DRIBBLE	RUNNING
FANS	SLAM DUNK

```
P  R  S  M  T  K  C  F  H  T  U  R  A  A  I
G  A  U  R  C  Y  P  L  E  G  N  O  P  S  O
U  F  E  T  W  F  A  P  H  D  E  Y  H  R  L
N  S  R  E  N  O  I  T  I  D  N  O  C  X  B
D  E  R  E  T  A  W  T  O  H  W  O  O  G  V
C  Z  S  O  B  U  B  B  L  E  S  O  L  T  R
T  L  L  E  A  B  I  A  R  G  L  P  D  S  S
Z  F  E  Z  I  R  U  T  S  I  O  M  W  M  L
P  L  F  A  E  R  A  R  B  I  Y  A  A  O  K
G  I  T  L  N  A  T  L  C  U  N  H  T  O  Y
S  C  T  O  A  S  U  E  E  S  T  S  E  R  T
A  Q  G  T  C  N  E  J  L  K  K  H  R  H  U
R  A  D  I  O  R  N  X  A  I  K  C  T  T  A
U  G  W  O  A  B  R  E  D  W  O  P  A  A  E
L  T  Z  N  E  X  F  O  L  I  A  T  E  B  B
```

BACK SCRUBBER
BASIN
BATH TUB
BATHROOM
BEAUTY
BUBBLES
CLEANSE
COLD WATER
CONDITIONER
EXFOLIATE

FLANNEL
HOT WATER
LOTION
MOISTURIZE
POWDER
RADIO
SHAMPOO
SHOWER
SPONGE
TOILETRIES

```
F W L B G N I P M U J E A T O
M W O C O M M O N O R B T F I
T D R D D S P Q F M U L E I P
A R E D I P S N E D R A G M D
R D D G E W I I T D T C N R G
A E I Y G W N O L H U K I P C
N X P N I E D W E K D W V U R
T K S L H V L R O D I I A E A
U A F B E C L T O R R D E T B
L D L N E E A C H P B O W L S
A P O W G W A R T G W W B F P
B M W G F L O J A U I P R Q I
T R E D I P S P S A W E O G D
J D O C T U O T A E I S G G E
J R O X N Y L N E E R G A O R
```

ARACHNID
BLACK WIDOW
BROWN WIDOW
CALICO
COMMON ORB
CRAB SPIDER
DEWDROP
EGGS
EIGHT LEGGED
FEATHER-LEGGED

GARDEN SPIDER
GREEN LYNX
JUMPING
ORB WEAVING
SILK
TARANTULA
VENOM
WASP SPIDER
WEBS
WOLF SPIDER

```
S A D P T E N D E R M L S P Q
I P F E E B L E N J R I H T R
I E Y Z B S X H E S I T A N T
S F T U D I M A R O F L K L I
P S L A I Y L Z V D N T Y S J
K T E I C S L I A N I Q Y U N
Y E T L M I N R T I Z L G R S
L L H N R S L R E A O R T T S
B I K S E E Y E D T T F I W T
B G Q C I P W S D R K E A H S
O A U V I G S O S E T Z D O L
W R P E E S G L P C D E J D B
E F X R N T A U Y N U P X T G
E O G J T D S T L U S Y B T B
N N Z O I E D E T S U A H X E
```

DEBILITATED
DELICATE
ENERVATED
EXHAUSTED
FEEBLE
FLIMSY
FRAGILE
HESITANT
INFIRM
INSECURE

IRRESOLUTE
POWERLESS
PUNY
SHAKY
SICKLY
SLUGGISH
SPENT
TENDER
UNCERTAIN
WOBBLY

190. San Francisco Districts

```
D P H B W S U N S E T I C P B
P L E A S K V A M R N I O R T
Y A X Y Y A A Z I G P R W A C
M T C V A E T N L U E N H H E
P R E I P P S E I P A G O C B
T O L E F N S P O R T O L A A
U P S W N I N O E V A L L E Y
E T I R D W C T T O T M O B A
M S O E I T O H S T U I W H R
Y E R P R C C T E R A A Q T E
I W V L L I H N A I S S U R A
N N O I S S I M K N G X S O T
S F N O L S P C O E I H P N S
R E M L L I H B O N J H T I S
C A A T N T T W P R D P C S S
```

BAY AREA
BAYVIEW
CHINATOWN
COW HOLLOW
EXCELSIOR
HAYES
INGLESIDE
MARINA
MISSION
NOB HILL

NOE VALLEY
NORTH BEACH
PACIFIC HEIGHTS
PORTOLA
RICHMOND
RUSSIAN HILL
SOMA
SUNSET
TWIN PEAKS
WEST PORTAL

```
M D C S O K P B W W R U S I Y
R E R V E L Y C H G W J L T H
F I L A A R T I V P A R Q H P
I V T V O O T E O N X J B E S
S S G N I M M U C A U O R E K
S H U L A L N A O S S X U G B
P E E N A D L T N H I I B B R
L L E W O L L E F G N O L E P
C L W R E G I N S B E R G A T
W E M E R S O N I W A L R H E
T Y V A X T P Y R A T K O K T
R U I T Y P T S C T E M L U N
H N M L A T N O T R A H W H O
C C S Z S T T N T S O R F A P
K D P A M W T E H S O A O M U
```

ANGELOU
BYRON
CUMMINGS
ELIOT
EMERSON
FROST
GINSBERG
KEATS
KEROUAC
LONGFELLOW

LOWELL
MELVILLE
NASH
PARKER
POUND
SHELLEY
TENNYSON
THOMAS
WHARTON
WHITMAN

```
H  O  L  S  T  E  I  N  U  O  S  D  P  T  Y
V  E  K  X  I  K  O  P  D  S  U  G  N  A  B
G  N  E  V  T  A  H  L  K  T  T  N  L  Y  M
R  N  R  O  H  G  N  O  L  S  A  X  E  T  V
F  E  R  A  V  N  C  E  L  T  R  I  G  E  I
U  I  Y  Q  G  A  A  N  H  M  O  U  N  R  B
S  D  C  L  Y  I  L  C  O  T  O  P  A  C  D
O  A  A  I  B  G  B  D  I  V  R  G  T  H  Q
X  N  T  N  T  U  P  A  E  R  E  A  O  A  V
O  A  T  E  I  Y  R  O  W  R  O  D  P  R  K
O  C  L  B  A  S  O  L  O  O  N  M  L  O  Y
O  R  E  A  Q  S  H  L  I  R  L  E  R  L  R
H  C  N  C  B  H  E  R  E  N  S  A  Y  A  A
Y  R  A  K  M  S  I  C  E  L  A  N  D  I  C
Y  E  S  R  E  J  R  K  C  D  D  S  E  S  T
```

ABIGAR	DEVON
AGEROLESE	HERENS
ALDERNEY	HOLSTEIN
ANGELN	ICELANDIC
ANGUS	JERSEY
ARMORICAN	KERRY CATTLE
BURLINA	KHOLMOGORY
CANADIENNE	LINEBACK
CHAROLAIS	PARTHENAIS
DANISH RED	TEXAS LONGHORN

```
T Z W S U O M Y N O N A P W J
F H L H F E I R E L A N D S P
P W U W I L D H O R S E S I V
A L A N S T A O T T V T U W O
T T S E D L E J T O S W U J R
C H E K R E L F D S X E D U E
O E G C S E R E L I F B H N D
W D N I R H M R B A S Y I T S
B A A H N O A M O R G A S S T
O N H C S T D M U L E M T L R
Y C C E X E N E E S L V S B O
B E N I K J V E O L T S L B K
I O F X R R L L Z E A D I E
L Y N I L L O R O I R S H S S
L S R D R C Q M P W S D S T T
```

ANONYMOUS	SHAMELESS
CHANGES	SILENT NIGHT
COWBOY BILL	SILVER BELLS
DIXIE CHICKEN	THAT SUMMER
IRELAND	THE DANCE
LONESOME DOVE	THE STORM
MAYBE	THUNDER ROLLS
RED STROKES	WHITE FLAG
RODEO	WILD HORSES
ROLLIN'	WOLVES

194. Extreme Sports

```
K Q K O R C A V E D I V I N G
G W G N I P M U J E S A B T Y
G N I R E E N I A T N U O M A
N N I N P E M E R T X E O Z Z
I H I S G A B S E G L Q J G D
D V A B A W R O U G B A F N R
R Y B D M H A A A R N Y M I A
A E T M V I C L G R F U D D G
O B G I X E L M K L D I B I R
B L Z N V R N C R I I N L A
W Z P R A I A T K O N D N G C
O W N P R D T C U C T G I G I
N N D S T P B C I R O S X N N
S M N R E N I L A N E R D A G
A O S K Y D I V I N G Y L H K
```

ACTIVITY

ADRENALINE

ADVENTURE

BASE JUMPING

BMX RACING

BUNGEE

CAVE DIVING

DANGER

DRAG RACING

EXTREME

HANG GLIDING

KNEEBOARDING

MOUNTAINEERING

PARAGLIDING

ROCK CLIMBING

SKYDIVING

SNOWBOARDING

STORM CHASING

SURFING

WING WALKING

```
S T E E P L E C H A S E R N R
V X K E C A R E L D R U H O T
P G A C P A F S A D N D O A R
K A T N A H R N G A I D H L B
I R S A R L O G P M D R T P R
R Y S T T R N T N S A A Y L E
K K M S S P T P O I U I B A E
F S I I E U R N A F M L D C D
S U E D U O U S S C I I O E I
A H R M G S N P T N I N A K N
S R C L N R N J K O R D I L G
S R O L O C E E M Q H R N S C
A G L T T N R U Z E H M D A H
T L T H I S G G A L L O P P H
S L T Y D J S T A L L I O N A
```

BLINKERS	HANDICAP
BREEDING	HURDLE RACE
CLAIMING RACE	MAIDEN
COLORS	ODDS-ON
COLT	PHOTO FINISH
DEAD HEAT	PLACE
DISTANCE	STAKE
FRONT RUNNER	STALLION
FURLONG	STEEPLECHASE
GALLOP	TONGUE STRAP

```
F  S  O  V  P  P  T  T  U  B  D  A  E  H  B
S  A  K  K  Z  M  E  L  S  S  M  R  T  I  Y
X  H  C  N  U  P  O  D  A  N  R  O  T  K  M
N  F  O  E  S  C  I  T  I  Q  U  E  H  C  A
I  G  L  E  B  P  A  L  S  L  R  W  J  O  L
P  F  B  D  C  U  E  N  E  E  S  J  Z  L  S
S  L  R  R  R  A  S  E  N  D  L  K  G  M  Y
E  A  E  O  D  N  F  T  W  O  R  B  C  R  D
N  T  D  P  F  I  T  S  E  S  N  I  U  A  O
A  L  L  S  T  T  U  B  S  R  G  B  V  O  B
L  I  U  G  B  I  G  B  O  O  T  E  A  E  D
P  N  O  K  L  A  H  O  M  A  R  O  L  L  R
R  E  H  C  N  U  A  L  T  E  K  C  O  R  L
I  R  S  A  A  M  H  C  N  E  R  W  T  U  G
A  R  M  S  T  R  E  T  C  H  E  Z  S  X  K
```

AIRPLANE SPIN	FLATLINER
ARM LOCK	GUTWRENCH
ARM STRETCH	HEADBUTT
BACKSLIDE	KNEE DROP
BIG BOOT	LEG SWEEP
BODYSLAM	OKLAHOMA ROLL
CANNONBALL	PILEDRIVER
CROSSFACE	ROCKET LAUNCHER
DOUBLE STOMP	SHOULDER BLOCK
FACEBUSTER	TORNADO PUNCH

```
S D A M A A I F C L T C N B Y
X R B D Y A M U R E O K L L O
E A O R T U S S E N L L M P U
A U P C A X K N G A V Y T U L
S N A Z O H T O I R R R B R D
F E Z M E N M U N L K M T U U
Y Y E A A P I A O E E R R S Z
U D L E M Z L R P K E O K E I
Y G E Z V B O Y O U Z W U G N
W A F L H N E N P P T O L N D
A I L L T L G Z M I G R L A U
A Z L K L X L L I R N A A G S
R P G O O J V O L G A U R U C
T R W R T B O I B T Y P U F K
F B T D D S O O S W T T S A P
```

AMAZON   NILE
AMUR   ORINOCO
BRAHMAPUTRA   PURUS
CONGO   SALWEEN
GANGES   URAL
INDUS   VOLGA
LENA   YANGTZE
LIMPOPO   YELLOW
MEKONG   YUKON
NIGER   ZAMBEZI

```
Y W A K R F T K Y N G G B A S
E N A R C F D R R O O P R J M
K A O R B E S E R R G R S U E
N L S U T O L T G P D A E J C
O S V D E V C G S G L G N H A
M Z T V H A L H N U E A I D F
O M H A I E A E T A L L R P W
U W U E F L E A S M D Z E H O
N B V B F F T D P S N N E N C
T P A M R I P T P A M E U P O
A H O W O R C O L D L A N O A
I O A N E A S K S L R A C W B
N E A G L E Z N E E F Q R P P
V C O C K E R E L G N A I R T
P A A U D A P E P C D L E Q T
```

BOUND ANGLE   HERON
CHILD'S POSE   LOTUS
COBRA   MONKEY
COCKEREL   MOUNTAIN
COW FACE   ONE-LEGGED
CRANE   SALUTATION
CROW   STAFF POSE
EAGLE   TRIANGLE
HALF MOON   WHEEL
HEAD-TO-KNEE   YOGA

```
E G O T Z E S O L C N N E L G
L E L R E P O O C Y R A G Q A
E N N A M Y R R E B Y U G I X
S E L A D S S O R N I V A G E
I K S A F G O L D I E H A W N
G E O R G E C A R L I N D A R
R L T G A R T H B R O O K S Y
A L R E L O G S U G A N I G B
C Y E N O O L C E G R O E G L
E G W E N S T E F A N I K H E
J S G E E N A D A V I S U Z I
O L L E W I L L A H I R E G R
N H G L O R I A G A Y N O R B
E T R E D L I W E N E G R L A
S X S V K C E P Y R O G E R G
```

GABRIEL BYRNE	GINA G
GARTH BROOKS	GISELE
GARY COOPER	GLENN CLOSE
GAVIN ROSSDALE	GLORIA ESTEFAN
GEENA DAVIS	GLORIA GAYNOR
GENE KELLY	GOLDIE HAWN
GENE WILDER	GRACE JONES
GEORGE CARLIN	GREGORY PECK
GEORGE CLOONEY	GUY BERRYMAN
GERI HALLIWELL	GWEN STEFANI

```
P C R E N N I W H B R X V E A
L H H G L E L Z Z U P A A B P
A R I I N D U C P R N S Z W C
Y E N D L I D L C I T P Y R C
E Z T E I D X I C E J R O A F
R I S G I N R O R D R U M M N
S N C E A W G E B T W U T I O
X A A O U Z G P N R S O N C I
I G V C M G E W L E E Q L I T
T R E A S U R E M A P T S P A
K O N C I B Z E L S C G T H C
M A G H G Q N N I U X E O E O
H T E I A T O A M R Y A T R L
C V R N O I T I T E P M O C J
U C T G H O A S U V P R M Y H
```

AMUSEMENT

BURIED TREASURE

CHILDREN

CIPHER

CLUE

COMPETITION

CRYPTIC

EASTER EGGS

GEOCACHING

HIDING PLACE

HINT

LETTERBOXING

LOCATION

ORGANIZER

PLAYERS

PUZZLE

RIDDLE

SCAVENGER

TREASURE MAP

WINNER

```
Z T R A F F I C J A M Q Z N Z
L C O U S I N B E T T Y E A C
U E L E V A R T O H D X M R A
U S L A M I N A F T H U R Y R
S J E D I S A E S A S R X O D
A B R O T H E R U E E F C F G
N U C L Q R I S M P U K K A A
D Y O S I S T E R N P D R R M
C B A T H I N G C O S T U M E
A J S O O T R L O K S H Y Y S
S H T N P A E L A K M R V A W
T P E A R J U U S U N B U R N
L E R R A U Q Y L I M A F D R
E K M C I N C I P P A X R B E
T E K C U B P A G S N A S Z R
```

AMUSEMENT PARK
ANIMALS
BATHING COSTUME
BROTHER
BUCKET
CARD GAMES
COUSIN BETTY
EXHAUSTION
FAMILY QUARREL
FARMYARD

PICNIC
ROCK POOL
ROLLER COASTER
SANDCASTLE
SEASIDE
SISTER
SUNBURN
TRAFFIC JAM
TRAVEL
UNCLE JACK

```
C O P L Y F M N A A S K C C S
F R K G R D K O I D U T S I G
T I R Z O I L R O R S E O D A
S N O I T P E C E R S S H R M
E I W C A E T Z W I D A W A E
U C H L V Y I G F O L E Z O S
G E E S R T N M R L L E B B I
N L L E I B U B M A O T L O
I L S A S L A A A L B G O A U
N A A S N I T S J R I S D T X
I R E B O T T O Z B Y F R T G
D R U W C U I S U H D Y E L W
D O I Y D L C R Q T K S U F C
A J M Y I B E M R W J A T Y W
M T O Z I X L J O A S I U K U
```

ATELIER	GUEST
ATTIC	HALL
BALL	KITCHEN
BEDROOM	RECEPTION
BOARD	STORE
CELLAR	STUDIO
CONSERVATORY	STUDY
DINING	TOOL
DRESSING	UTILITY
GAMES	WORK

```
Z K E V R S U S E A A D C C R
C I R I W O S N S E W E L C H
R O W L K K D W D A S P I D U
U S Q B E Z O H R U D O L P H
T E O L S K K R A R G W Y J U
N R T G J M E A B M W E I L T
U O C J K N I H O E S R W A R
N U T H G I R T R O K S Y J T
K S S E R D L I H C J L T V R
E P S R L I E R F T O D D L D
U Y I O U P S N J R H U T F R
C E C R E I P T T F N W T U I
T I G Q K B O A I C S U Q U T
X C Q A S U J A P A O U L J H
C U S T I S A X T O N I Z A F
```

APPLETON	ROBARDS
CHILDRESS	RODHAM
CHRISTIAN	RUDOLPH
CUSTIS	SAXTON
DENT	SKELTON
HOES	SMITH
JOHNSON	TAYLOR
KORTRIGHT	TODD
PIERCE	WARREN
POWERS	WELCH

```
A U U K U A T S Q T K C U N E
S A U B E S R A N M S O F B T
E X U V P K X M A S B R O T H
R S B O I L A S K Q A R A C A
B F I F C G H B W Y R P A S E
F N H A E N E E Y B T T A U
O R P A R L J I V W E T S S G
R R Y A T B O Q D R C O T N Y
P O E I S G S S E A U H I U P
V I A F N T S R S P E R J P T
T K S I N G R E D I E N T S P
T Q W C V U P Y R M R W K D D
N E T A N I R A M H R H B E H
O N T R V G N I N O S A E S I
B L S X X R S A U C E E I R U
```

BAKE	MARINATE
BARBECUE	MASHER
BOIL	PASTRY
BRAISE	RECIPE
BROTH	RISSOLE
CATERER	SAUCE
COOK	SEASONING
FRYING PAN	SIMMERING
INGREDIENTS	SOUP
KNEADING	STEW

205. Species Of Geranium

```
J C L M U L L I S U P H G P U
U I M O U R T D H X M U L P Y
D D U L O L E E W H U M J H P
F I I L S E T T X S C I T O E
U S D E M Y E I R A I L V M I
O S I T U A L M F O N E Y E T
R E C B N I J V X L R U U A I
E C U T I E R G A S O S M N H
G T L S B R S E I T F R U U A
A U S S M I I C D E I C U M N
N M I Q U D O C R N L C F M A
U L Q P L L W L U E A I U S E
M U E R O B R A L M C L K M N
S C O R C U N E A T U M O R S
W S L I M A C P R A T E N S E
```

ARBOREUM

CALIFORNICUM

COLUMBINUM

CUNEATUM

DISSECTUM

HANAENSE

HOMEANUM

HUMILE

LUCIDIUM

MOLLE

MULTIFLORUM

OREGANUM

PRATENSE

PUSILLUM

RETRORSUM

SIBIRICUM

SOLANDERI

SYLVATICUM

TEXANUM

VERSICOLOR

```
A M M J C S U N A T E C A J I
A V U S S Y S U S U F N O C N
A G I B U U C A X S U N A N T
N U D R C T N L A Y Q I S A E
P S O O I R A A A U T L T A R
A A C U R D O H I M Y A U W M
L G O S B H I L C Z I J R H E
L R B S A S L F O S Z N I B D
I A L O T A U O L C O I E S I
D E U N N E E I A O I M N U U
U L B E A D O A B A R B S A S
L L T T C N O H O U T U I U P
U S E I F E R N A N D E S I I
S I L I B A R A P M O C N I Z
I I C A L C I C O L A G R O I
```

ASTURIENSIS
BICOLOR
BROUSSONETII
BULBOCODIUM
CALCICOLA
CANTABRICUS
CONFUSUS
CYCLAMINEUS
DUBIUS
FERNANDESII

GRAELLSII
INCOMPARABILIS
INTERMEDIUS
JACETANUS
JONQUILLA
MOSCHATUS
NANUS
PALLIDULUS
PANIZZIANUS
VIRIDIFLORUS

```
A T X G U Z I A J S B E Y A E
K E I Y A L G O R I T H M B I
P Y R T E M O E G L O E A E K
S G T A Z C E Z T Y R H S X L
O T A N G E N T Y R U P P P O
P S M A H M F A H O S A T O R
O C D O D E C A H E D R O N R
W E C J V K L X C H O G S E V
R A B U E P A I P T W R F N T
S N T W B A T S X S O W Y T I
R O Y M N E N I S O C R S I R
G F P E R C E N T A G E N A T
P L R R L F E T S H E X T L U
A F R B Z Q F U N C T I O N N
D S L M A L D R P T O O V Z L
```

ALGORITHM

AREA

AXIS

CHAOS THEORY

COSINE

CUBE

DODECAHEDRON

EXPONENTIAL

FACTOR

FUNCTION

GAME THEORY

GEOMETRY

GRAPH

HELIX

MATRIX

PERCENTAGE

RATIO

SETS

TANGENT

TORUS

```
Z M R E C E X T O R Z B C A L
I O A P O L L A W O R B S T U
T Z A L T T A B I T E J L S B
R S M A S H C P M H V T Q V A
G J A T S R U B N U E T J Q U
O P D A E S H N A M R A O R R
T E U V D X T B D P B I Q K L
F R O L G F P U C E E O B E H
S D A T H O W L B L R T Z F L
F S L S S A M B O T A O R D T
F O J T P W A C A S T N M M A
Y U Z A D N H R M A I O G G S
O P P Z G S W A U L O O R A I
S J N N E T C C C B N P N E Q
U V S K E K Y K K K W S S Q N
```

BANG	ROAR
BLAST	RUMBLE
BOOM	SLAM
BURST	SMACK
CLANG	SMASH
CLAP	THUMP
CRACK	THUNDER
EXPLOSION	WALLOP
HOWL	WHACK
REVERBERATION	WHAM

```
U S T A Z Q S G E H P I U Z Z
A A L G E B R A V F R M K P Y
K R U U I S L C L T S A U I T
K S O A N E R A H B T A U F S
T T L G U T Y D L S A U Z R R
N A R D N A X E L A D N U Y A
R F Y X B A U M C S K J I Q J
E A M P H I B I A H O S K A R
C L M O E A T A M O T U A S P
C U H O A C R E Z R U L K L H
R M J U R R A G S A A T V E A
T N Y A M A H T E B L K R S J
D A T L A L O Q A L G E R I A
R N J Q D L L M Y K L F A U N
A W I I A V A G E N D A S I A
```

ACADEMIA
AGENDA
ALABAMA
ALASKA
ALBANIA
ALEXANDRA
ALGEBRA
ALGERIA
ALLEGRA
ALOHA

ALUMNA
AMPHIBIA
ANGORA
ANTARCTICA
ARENA
ARMADA
AROMA
ASIA
AUTOMATA
AZALEA

```
O S G R O M R R U Y Q E O C R
C H D O P T A H O M A C E L Q
T O E T N I R P M I U H F V P
R E M L C I H T O G T L H H A
E I A I V I T U V U E A A E P
B N V L C E S A N E P B A J T
U L O E L S T G L G R O L X R
C T E G Z E A I B A E D N B D
H M R T A L W N C R P O A Q Q
E L L I V R E K S A B N M N F
T B D T T P A S C M U I K A A
X Y I H S E Z P S O U Z O E R
Z B E G Y P T I A N R M O Q I
S J S L R J R L L D S E B A A
Z O I L G N V C I C E R O H L
```

ARIAL
BASKERVILLE
BODONI
BOOKMAN
CICERO
COMIC SANS
EGYPTIAN
ELZEVIR
GARAMOND
GOTHIC

HELVETICA
IMPRINT
PALATINO
PARAGON
PERPETUA
ROCKWELL
TAHOMA
TREBUCHET
TUNGA
VERDANA

```
D R O W T S A L P O R I H C R
M A I R X L P O E C J R M I J
V R L L L A S T P O I N T J
O O A A A A A S C Y C T I S S
E N S S S S S T S A L T A A
S T T T T T T T P V S B L N
A I D M S H O M N M U T B O D
C I I U U I R E A O S Y H B
W T T N P R J P D N M M H C L
A S C U P R S E L E T E E S A
A A H T E A M T P A R I D N S
A L J E R H A G S J S S O P T
Z T X S E V E R L A S T I N G
A U J V E S S L X O L U E A J
R O S S U E E Z Y V G B A R X
```

AT LAST
BLASTS
CHIROPLAST
EVERLASTING
LAST DITCH
LAST HURRAH
LAST MENTION
LAST MINUTE
LAST MOMENT
LAST NAMED

LAST ORDERS
LAST POINT
LAST PUSH
LAST SUPPER
LAST WORD
OUTLAST
PLASTER
PLASTIC
SANDBLAST
SCHOLASTIC

```
T O N I R O T N A R G R O E A
H A S B R E K N E B R C L E G
G D H A E E V N A M N O R I S
I E R A D L P O H M H M Q C U
L S R R N N P M G L S C A B O
I S D T U C A B U N O E T T D
W E U U H K O P A J A G Y A Q
T S I L T E K C U B E H T S W
U B J R C R R E K F Y V E A C
E O S U I T A K E N G M S H X
E N Y A P X A M E D I N A S T
G N I W O N K S S P A P U M I
C U V W R S T A R T R E K K A
L M S X T A F O T F E L L A W
L F S I X T P Q L K R G Q L D
```

BABY MAMA

GET SMART

GRAN TORINO

HANCOCK

IRON MAN

JUMPER

KNOWING

KUNG FU PANDA

MAX PAYNE

OBSESSED

SEMI-PRO

STAR TREK

TAKEN

THE BUCKET LIST

THE HANGOVER

TROPIC THUNDER

TWILIGHT

WALL-E

WATCHMEN

YES MAN

```
G Q D P E P T W M U V F L S O
H C T I W Y R E E L T J U D G
A S H A U N T E D R A P O R P
P R K M C C Q S I C E F N A O
H E V E R K X C K R R W H C K
A T V H L F C O N A T D O U N
L S W Y U E L A N M R G R L I
L N Q A A A T K L E O R R A F
O O R M N U E O S B K O O A F
W M E T R N C S N S C A R Y O
E N E A S T I J M P I H R B C
E R L T O N S O M T R R A H Q
N F E B G R G C O S T U M E S
K I E U T A F H S Y V W L D W
N R P Q E U U H T R E R T R Q
```

BLACK CAT	JACK-O-LANTERN
BROOM	MAYHEM
COFFIN	MONSTERS
COSTUMES	OCTOBER
DRACULA	SCARY
DRESSING UP	SKELETON
FRANKENSTEIN	SUPERNATURAL
HALLOWEEN	TRICK-OR-TREAT
HAUNTED	WEREWOLF
HORROR	WITCH

```
S E G A L L I V K X S T N A A
T M I N O T G N I L L I H S M
O S R E Y O H A R V A R D O H
R D R A H N R E B A H T R A M
I D R W F P U O C E H T H Z J
E E C A F Y M K E E S L G G R
S T D O B C L R E G N I L O R
E O H C E B Y R N E H T O A E
Z X J P U C I A E T T O A T W
I I B W G C Y T J V X R K U E
R U S C A R L E T L E T T E R
P Q I W R I T E R T I B A T B
Z N A A I N A V L Y S N N E P
H O H Y R I M J A U M Y E U F
S D H T A P P O U L I I Y R S
```

BEVERLY FARMS
BREWER
DON QUIXOTE
HARRY ANGSTROM
HARVARD
HENRY BECH
HOYER
MARTHA BERNHARD
OLINGER
PENNSYLVANIA

PRIZES
RABBIT
SCARLET LETTER
SEEK MY FACE
SHILLINGTON
STORIES
THE CENTAUR
THE COUP
VILLAGES
WRITER

```
G D D N O I T C E R R O C T O
N R E I N N O V A T I O N N T
O O F V F P A D S E N Y R E Q
I J I S E F L Y R V V T E M R
T G R T A L E E E S H I F T S
U M E T A M O R P H O S I S C
L G C A D C S P E V S P N U W
O L A E N I I M M N U L E J Y
V S F C O R V F U E C L M D T
E H T N I I E E I T N E E A L
R M U A S O W N R D A T N V E
T X O V I V L L E S O T T J V
X F B D V D R I A W I M I L O
Q I A A E E V A R I A T I O N
A U P G R A D E N S G L Y W N
```

ABOUT-FACE
ADJUSTMENT
ADVANCE
CONVERSION
CORRECTION
DEVELOPMENT
DIFFERENCE
DIVERSITY
INNOVATION
METAMORPHOSIS

MODIFICATION
MUTATION
NOVELTY
REFINEMENT
RENEWAL
REVISION
REVOLUTION
SHIFT
UPGRADE
VARIATION

```
E  M  O  R  A  Y  A  N  H  D  G  A  P  D  S
S  C  R  L  J  N  I  A  R  C  N  I  S  Q  C
R  N  P  E  T  B  G  E  E  G  R  T  T  D  K
J  T  U  O  R  T  D  E  L  K  C  E  P  S  R
T  S  C  E  A  M  E  E  L  N  I  L  P  T  B
A  B  A  N  U  T  R  S  S  F  E  P  O  I  E
W  M  W  L  N  C  C  T  P  E  I  H  D  C  S
V  S  L  P  S  W  O  R  D  F  I  S  H  K  S
T  E  U  U  R  N  O  N  A  U  Z  I  H  L  E
T  S  G  P  E  U  A  L  I  Y  K  F  A  E  A
O  N  L  F  T  S  A  M  C  R  P  K  D  B  C
T  I  I  P  N  S  U  K  S  O  T  C  D  A  E
H  S  I  F  L  I  A  S  S  D  C  O  O  C  L
H  S  I  F  E  V  A  C  R  T  O  R  C  K  J
E  R  P  I  P  O  U  R  W  X  Q  A  K  Q  O
```

ANGELFISH	PIKE
ANGLER	RED MULLET
BREAM	ROCKFISH
CAVEFISH	SAILFISH
CLOWN	SAND EEL
CRAY	SPECKLED TROUT
DORY	STICKLEBACK
HADDOCK	STONEFISH
MORAY	SWORDFISH
PERCH	TUNA

```
R N Y P L D O X W N Z S P I N
P A E E L Z E S R Y E I S T Y
S O K T K V L A Q A L V N H E
G D V C H R D F E N G L I S H
O D E T A L U C N U D E P L L
C V E R C L L T T E L R A C S
W H E R N H B A R B A U K A E
O D E R N R E H T U O S N M N
L R U S C R E R T T E T I H W
L B F Z T U E H R O U M H S I
I T T I P N P T T Y O N C E P
W P D R A M U H S R B T S I M
U Y P G C T Z T O A O A W F A
O L W V I A O L P S E N R A W
U V P X L D B U V U I X F K S
```

BLACK	PEDUNCULATE
CHERRY BARK	POST
CHESTNUT	SAWTOOTH
CHINKAPIN	SCARLET
EASTERN RED	SHUMARD
ENGLISH	SOUTHERN RED
LIVE	SWAMP
NORTHERN RED	TURKEY
NUTTALL	WHITE
OVERCUP	WILLOW

Solutions

Puzzle 1

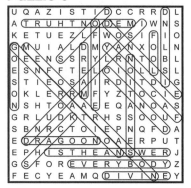

Puzzle 2

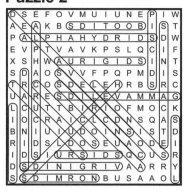

Puzzle 3

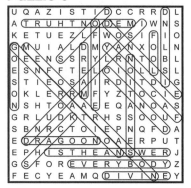

Puzzle 4

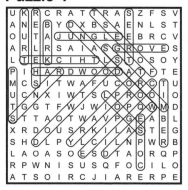

Puzzle 5

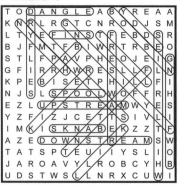

Puzzle 6

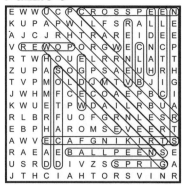

220

Puzzle 7

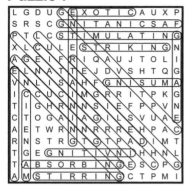

Puzzle 8

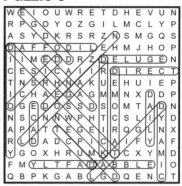

Puzzle 9

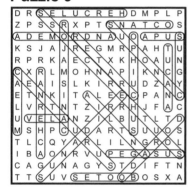

Puzzle 10

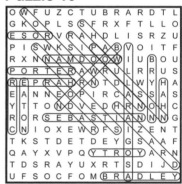

Puzzle 11

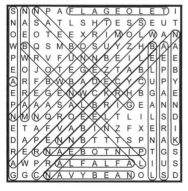

Puzzle 12

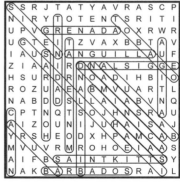

Solutions

Puzzle 13

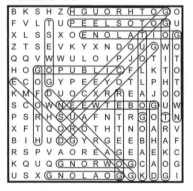

Puzzle 14

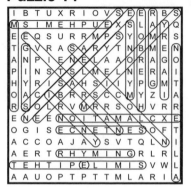

Puzzle 15

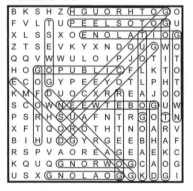

Puzzle 16

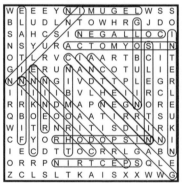

Puzzle 17

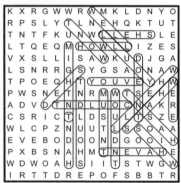

Puzzle 18

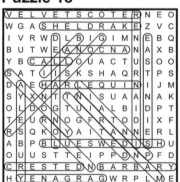

Puzzle 19

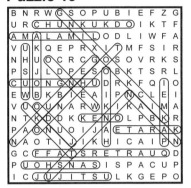

Puzzle 20

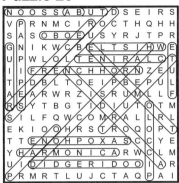

Puzzle 21

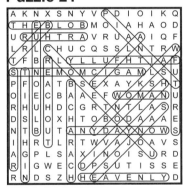

Puzzle 22

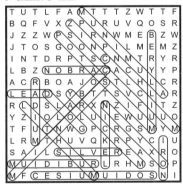

Puzzle 23

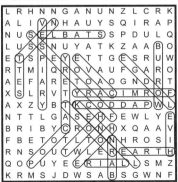

Puzzle 24

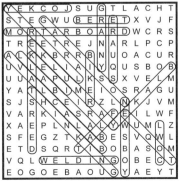

Solutions

Puzzle 25

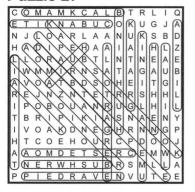

Puzzle 26

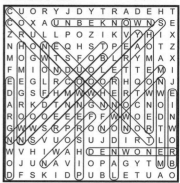

Puzzle 27

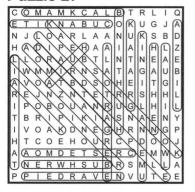

Puzzle 28

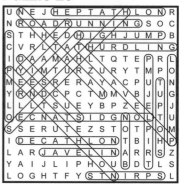

Puzzle 29

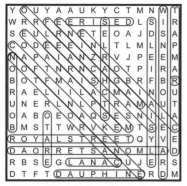

Puzzle 30

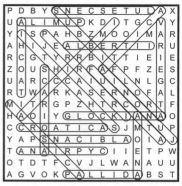

Puzzle 31

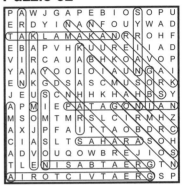

Puzzle 32

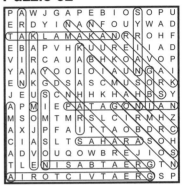

Puzzle 33

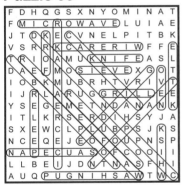

Puzzle 34

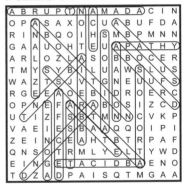

Puzzle 35

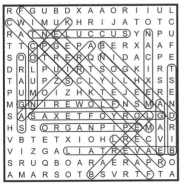

Puzzle 36

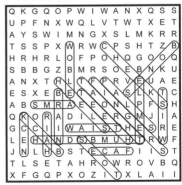

Solutions

Puzzle 37

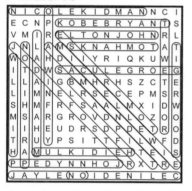

Puzzle 38

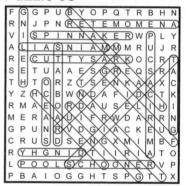

Puzzle 39

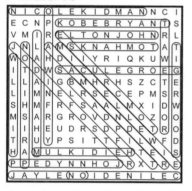

Puzzle 40

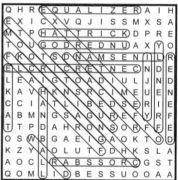

Puzzle 41

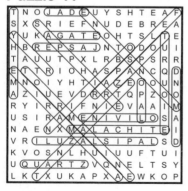

Puzzle 42

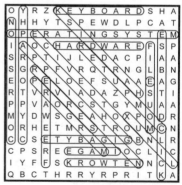

Puzzle 43

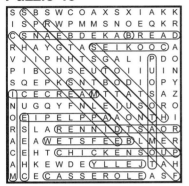

Puzzle 44

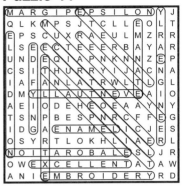

Puzzle 45

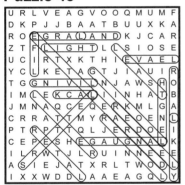

Puzzle 46

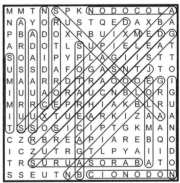

Puzzle 47

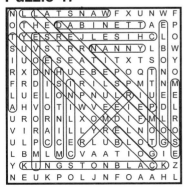

Puzzle 48

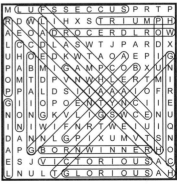

Solutions

Puzzle 49

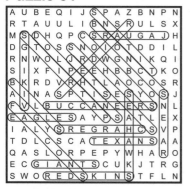

Puzzle 50

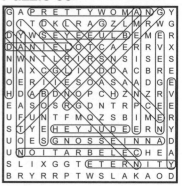

Puzzle 51

Puzzle 52

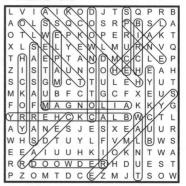

Puzzle 53

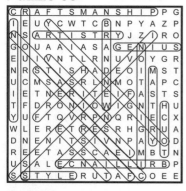

Puzzle 54

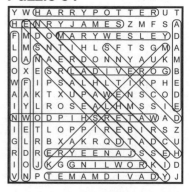

Puzzle 55

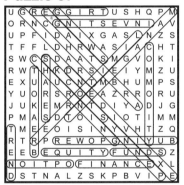

Puzzle 56

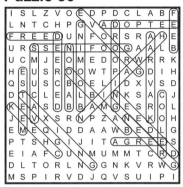

Puzzle 57

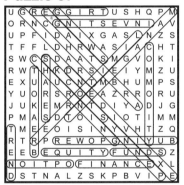

Puzzle 58

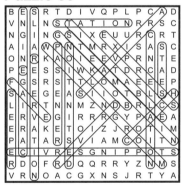

Puzzle 59

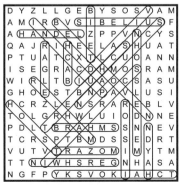

Puzzle 60

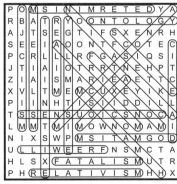

Solutions

Puzzle 61

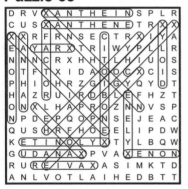

Puzzle 62

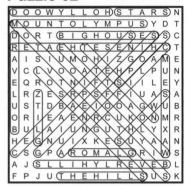

Puzzle 63

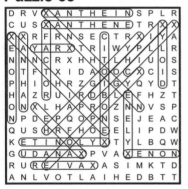

Puzzle 64

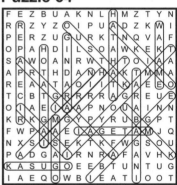

Puzzle 65

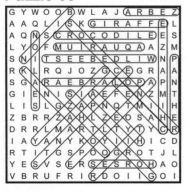

Puzzle 66

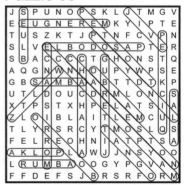

Puzzle 67

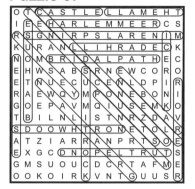

Puzzle 68

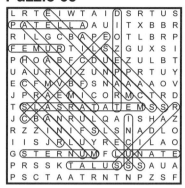

Puzzle 69

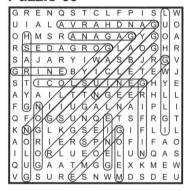

Puzzle 70

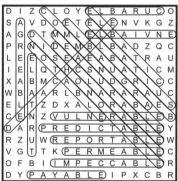

Puzzle 71

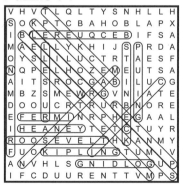

Puzzle 72

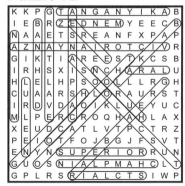

Solutions

Puzzle 73

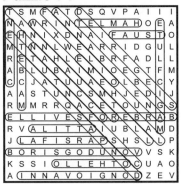

Puzzle 74

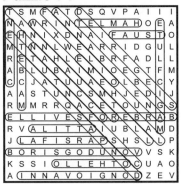

Puzzle 75

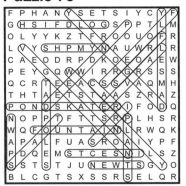

Puzzle 76

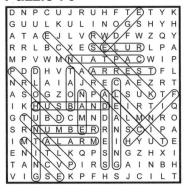

Puzzle 77

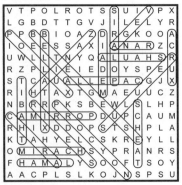

Puzzle 78

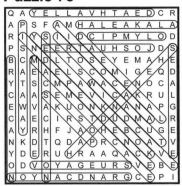

Puzzle 79

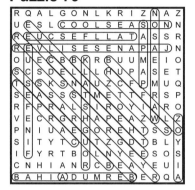

Puzzle 80

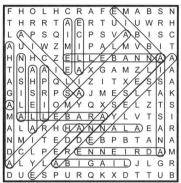

Puzzle 81

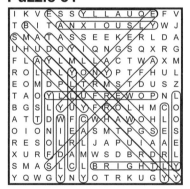

Puzzle 82

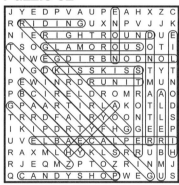

Puzzle 83

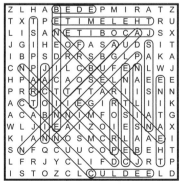

Puzzle 84

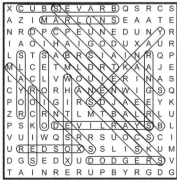

Solutions

Puzzle 85

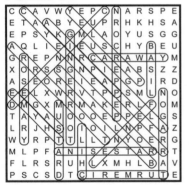

Puzzle 86

Puzzle 87

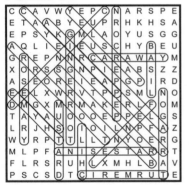

Puzzle 88

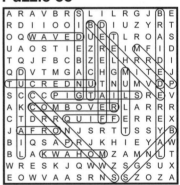

Puzzle 89

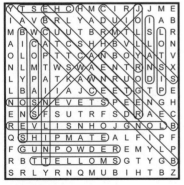

Puzzle 90

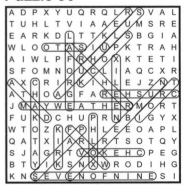

Puzzle 91

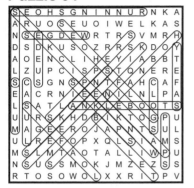

Puzzle 92

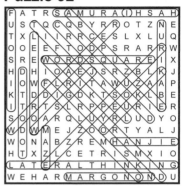

Puzzle 93

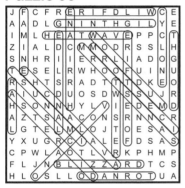

Puzzle 94

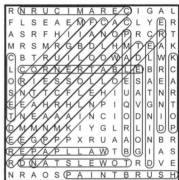

Puzzle 95

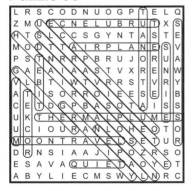

Puzzle 96

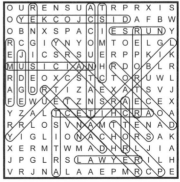

Solutions

Puzzle 97
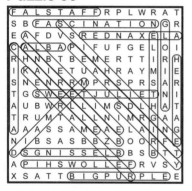

Puzzle 98
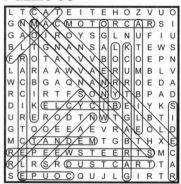

Puzzle 99
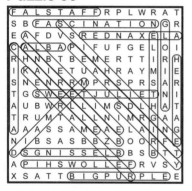

Puzzle 100
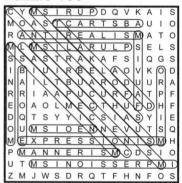

Puzzle 101
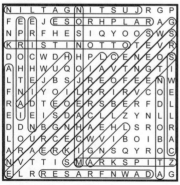

Puzzle 102
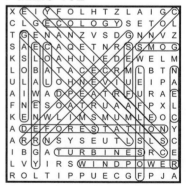

Puzzle 103

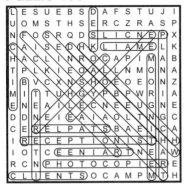

Puzzle 104

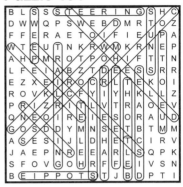

Puzzle 105

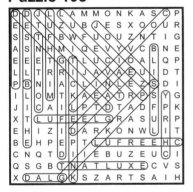

Puzzle 106

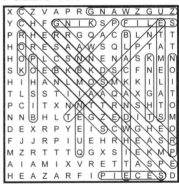

Puzzle 107

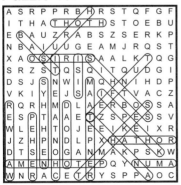

Puzzle 108

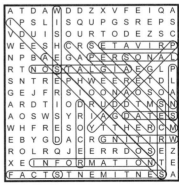

Solutions

Puzzle 109

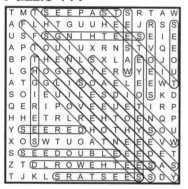

Puzzle 110

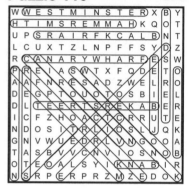

Puzzle 111

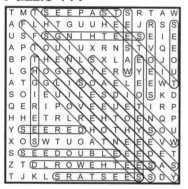

Puzzle 112

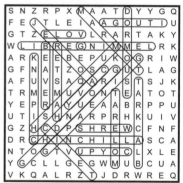

Puzzle 113

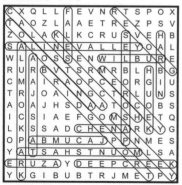

Puzzle 114

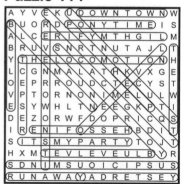

Puzzle 115

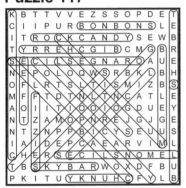

Puzzle 116

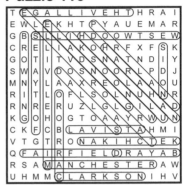

Puzzle 117

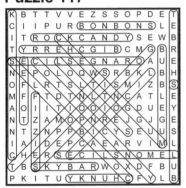

Puzzle 118

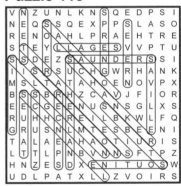

Puzzle 119

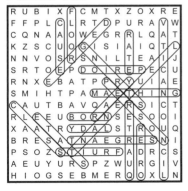

Puzzle 120

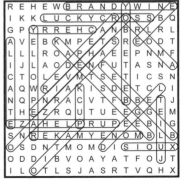

Solutions

Puzzle 121

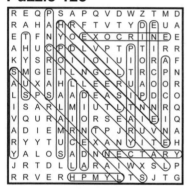

Puzzle 122

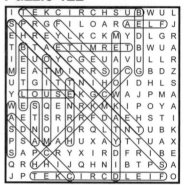

Puzzle 123

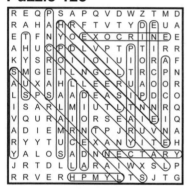

Puzzle 124

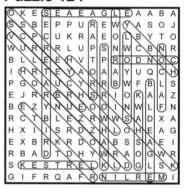

Puzzle 125

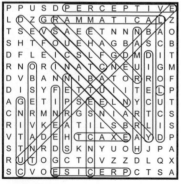

Puzzle 126

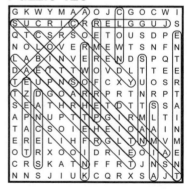

Solutions

Puzzle 127

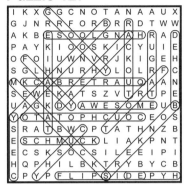

Puzzle 128

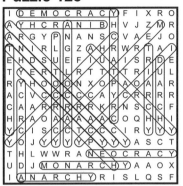

Puzzle 129

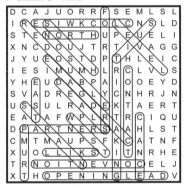

Puzzle 130

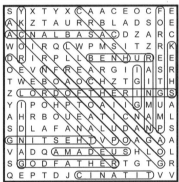

Puzzle 131

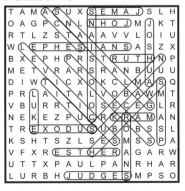

Puzzle 132

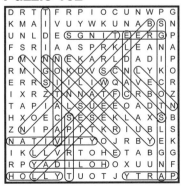

Solutions

Puzzle 133

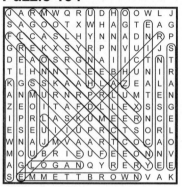

Puzzle 134

Puzzle 135

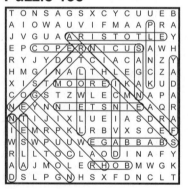

Puzzle 136

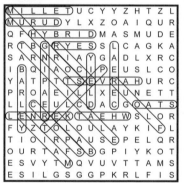

Puzzle 137

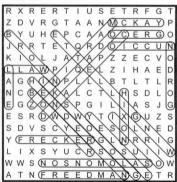

Puzzle 138

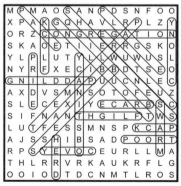

Puzzle 139

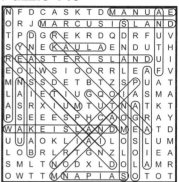

Puzzle 140

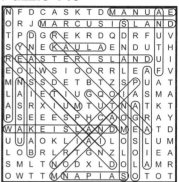

Puzzle 141

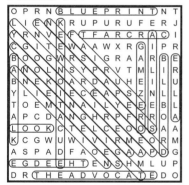

Puzzle 142

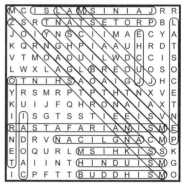

Puzzle 143

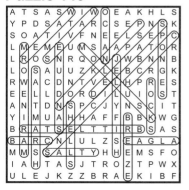

Puzzle 144

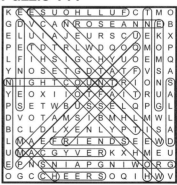

Solutions

Puzzle 145

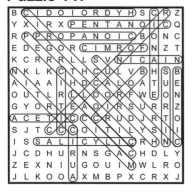

Puzzle 146

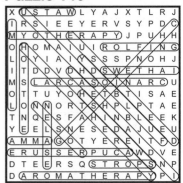

Puzzle 147

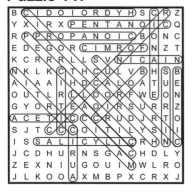

Puzzle 148

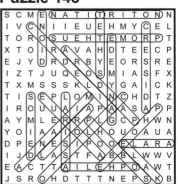

Puzzle 149

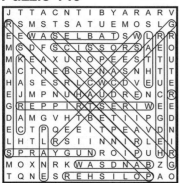

Puzzle 150

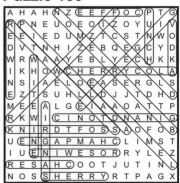

Puzzle 151

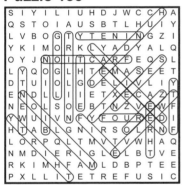

Puzzle 152

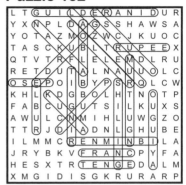

Puzzle 153

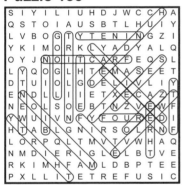

Puzzle 154

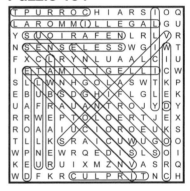

Puzzle 155

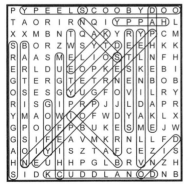

Puzzle 156

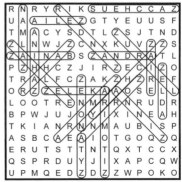

Solutions

Puzzle 157

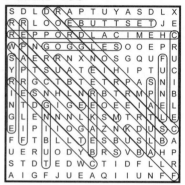

Puzzle 158

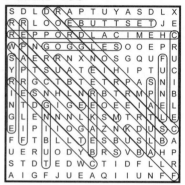

Puzzle 159

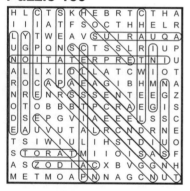

Puzzle 160

Puzzle 161

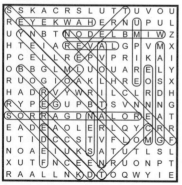

Puzzle 162

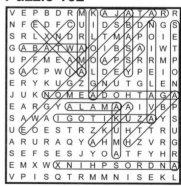

Solutions

Puzzle 163

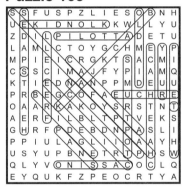

Puzzle 164

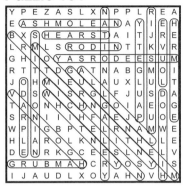

Puzzle 165

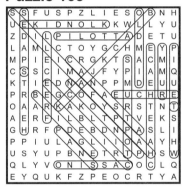

Puzzle 166

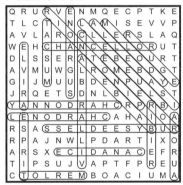

Puzzle 167

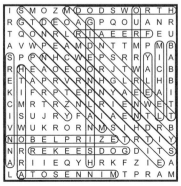

Puzzle 168

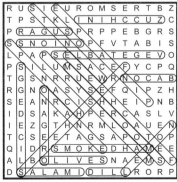

247

Solutions

Puzzle 169

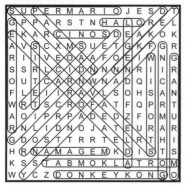

Puzzle 170

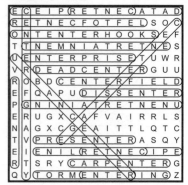

Puzzle 171

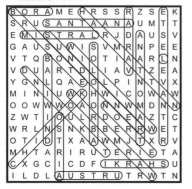

Puzzle 172

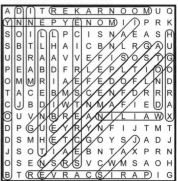

Puzzle 173

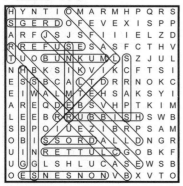

Puzzle 174

Solutions

Puzzle 175

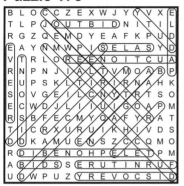

Puzzle 176

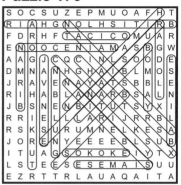

Puzzle 177

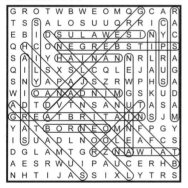

Puzzle 178

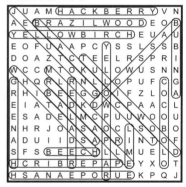

Puzzle 179

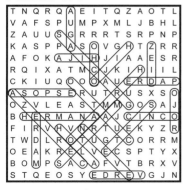

Puzzle 180

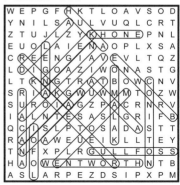

Solutions

Puzzle 181

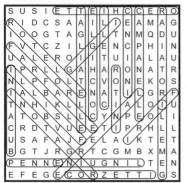

Puzzle 182

Puzzle 183

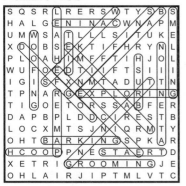

Puzzle 184

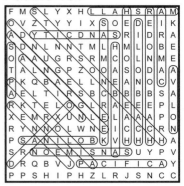

Puzzle 185

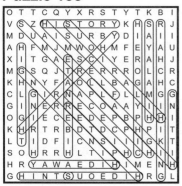

Puzzle 186

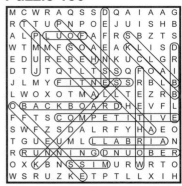

Solutions

Puzzle 187

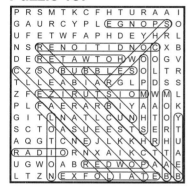

Puzzle 188

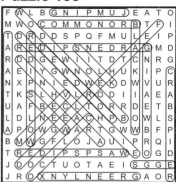

Puzzle 189

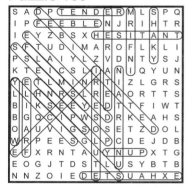

Puzzle 190

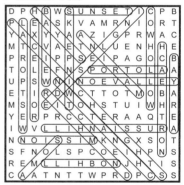

Puzzle 191

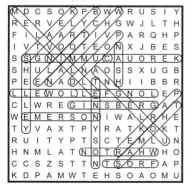

Puzzle 192

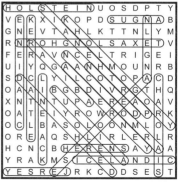

Solutions

Puzzle 193

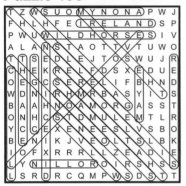

Puzzle 194

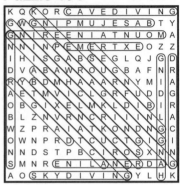

Puzzle 195

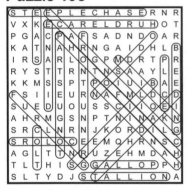

Puzzle 196

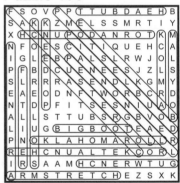

Puzzle 197

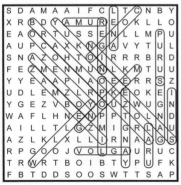

Puzzle 198

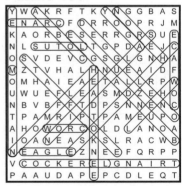

Solutions

Puzzle 199

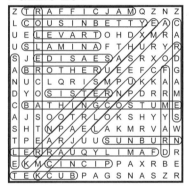

Puzzle 200

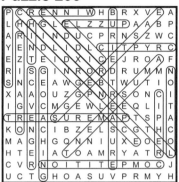

Puzzle 201

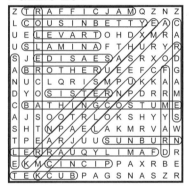

Puzzle 202

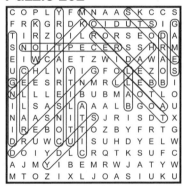

Puzzle 203

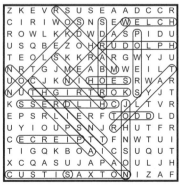

Puzzle 204

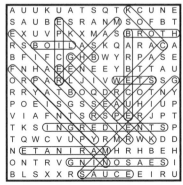

Solutions

Puzzle 205

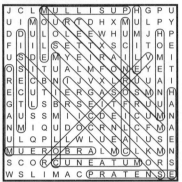

Puzzle 206

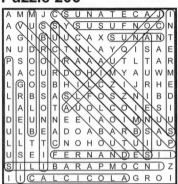

Puzzle 207

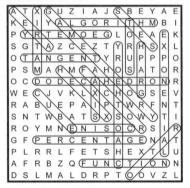

Puzzle 208

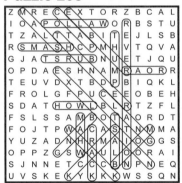

Puzzle 209

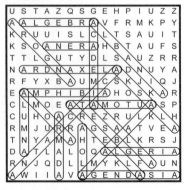

Puzzle 210

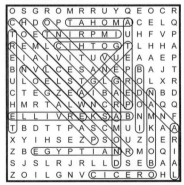

Puzzle 211

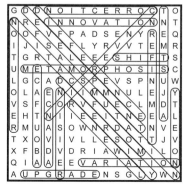

Puzzle 212

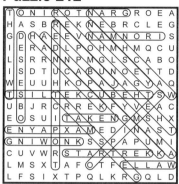

Puzzle 213

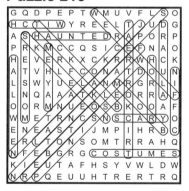

Puzzle 214

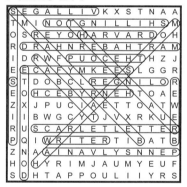

Puzzle 215

Puzzle 216

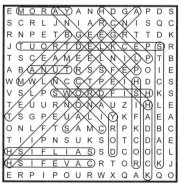

Puzzle 217

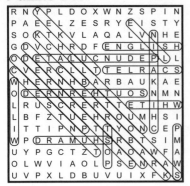